北京市教委社科一般项目（项目编号：SM202011232006）
北京市社会科学基金项目（项目编号：16YJC053）
促进高校分类发展——应用经济学学科建设（项目编号：5112111013）

京津冀基础设施一体化与金融支持：
发展水平、协调程度及政策研究

杨　慧　著

中国财经出版传媒集团

经济科学出版社
Economic Science Press

图书在版编目（CIP）数据

京津冀基础设施一体化与金融支持：发展水平、协调程度及政策研究/杨慧著.—北京：经济科学出版社，2021.9

ISBN 978 – 7 – 5218 – 2895 – 5

Ⅰ.①京…　Ⅱ.①杨…　Ⅲ.①基础设施建设 – 区域经济一体化 – 金融支持 – 研究 – 华北地区　Ⅳ.①F299.24

中国版本图书馆 CIP 数据核字（2021）第 189130 号

责任编辑：吴　敏
责任校对：郑淑艳
责任印制：范　艳

京津冀基础设施一体化与金融支持：发展水平、协调程度及政策研究

杨　慧　著

经济科学出版社出版、发行　新华书店经销
社址：北京市海淀区阜成路甲 28 号　邮编：100142
总编部电话：010 – 88191217　发行部电话：010 – 88191522
网址：www. esp. com. cn
电子邮箱：esp@ esp. com. cn
天猫网店：经济科学出版社旗舰店
网址：http://jjkxcbs. tmall. com
北京季蜂印刷有限公司印装
710×1000　16 开　11.25 印张　170000 字
2021 年 9 月第 1 版　2021 年 9 月第 1 次印刷
ISBN 978 – 7 – 5218 – 2895 – 5　定价：50.00 元
（图书出现印装问题，本社负责调换。电话：010 – 88191510）
（版权所有　侵权必究　打击盗版　举报热线：010 – 88191661
QQ：2242791300　营销中心电话：010 – 88191537
电子邮箱：dbts@ esp. com. cn）

前　　言

党的十九大提出以城市群为主体构建大中小城市和小城镇协调发展的城镇格局，城市群成为新时期新型城镇化主体形态和重要载体。国家发改委公布的《2019 年新型城镇化建设重点任务》中明确指出，有序实施城市群发展规划，加快京津冀协同发展、长江三角洲区域一体化发展及粤港澳大湾区建设。可见，京津冀协同发展在新型城镇化建设及国家经济社会发展中具有非常重要的地位。京津冀城市群区域合作自 20 世纪 80 年代就已经开始，但是长时期内城市群协同发展速度较为缓慢，距离长三角和珠三角城市群一体化程度还有一定差距。2004 年京津冀通过"廊坊共识"重启协作，2014年京津冀协同发展正式上升为国家战略，京津冀协同发展的重要性明显提高，并将生态环境协同治理、一体化交通网络构建及产业合作格局巩固作为三个重点领域率先突破。在区域一体化过程中，基础设施一体化是率先实施也是最易实施的领域。从京津冀协同发展三个重点率先突破的领域可以看出，环境和交通都是基础设施涵盖的重要内容。京津冀协同发展国家战略已经全面展开，作为率先发展的基础设施一体化成效如何是非常值得关注的问题。

本书通过"理论架构—实证分析—政策建议"的系统研究设计，采取定性与定量相结合、规范与实证相结合的方法，系统全面研究了京津冀基础设施一体化与金融支持的协调发展关系。本书主要分为三部分：首先，通过内涵特征界定、文献梳理述评及相关基础理论，构建了本书研究的理论基础架构，理论分析了京津冀基础设施一体化与金融支持的互动协调作用。其次，在理论分析的基础上，通过三部分内容全面实证分析京津冀基础设施一体化与金融支持发展状况：一是定量测度京津冀基础设施发展水平和基础设施一体化程度；二是从金融支持视角分析金融支持基础设施状况，定量测度京津冀金融支持发展水平与金融支持一体化程度；三是基于耦合协调度模型，实证检验京津冀基础设施与金融支持协调发展程度。最后在理论与实证分析基础上，基于协调发展视角提出促进京津冀基础设施一体化与金融支持发展的政策建议。

本书研究表明，第一，基础设施涵盖能源、交通、邮电通信和环保四个子系统，金融支持涵盖金融支持规模、结构和效率三个子系统，构建综合评价指标体系是评估基础设施一体化与金融支持的基础。第二，京津冀地区各市基础设施发展水平不断上升，但是未达到高度发展水平。各市基础设施水平提升为基础设施一体化奠定了基础，2000~2018 年京津冀基础设施一体化指数从 0.41 上升到 0.72，一体化程度逐年提高。第三，京津冀金融支持及其一体化程度提高是基础设施一体化程度提升的重要原因，但是金融支持结构和效率水平明显滞后于规模水平，未来需要优化金融支持结构和提升金融支持效率水平。第四，京津冀基础设施与金融支持协调匹配程度提升。2006~2018 年京津冀整体基础设施和金融支持耦合协调度指数从 0.55 提上至 0.75，金融支持为基础设施发展提供了良好的资金支持条件。第五，促进京津冀基础设施一体化与金融支持协调发展应从两个方面着手：一是采取"政府引导—企业运营—民众参与"的多元主体金融支持模式，充分发挥各主体职能责任，推进基础设施一体化提升；二是持续稳定保障金融支持规模，优化金融支持结构，提高金融支持效率。

本书基于协调视角，通过"理论架构—实证分析—政策建议"的研究设计，系统分析了京津冀基础设施一体化与金融支持的互动协调关系。其学术价值体现在以下几个方面：一是界定京津冀基础设施一体化及其与金融支持协调发展的内涵特征，丰富了基础设施一体化及金融支持相关的理论概念；二是系统分析京津冀基础设施一体化与金融支持互动协调机制，推动了基础设施与金融支持领域的边际交叉研究；三是采用大量实证分析研究基础设施一体化与两系统的互动协调性，丰富了基础设施一体化与金融支持协调发展研究的实证方法体系；四是针对已有研究缺陷，系统分析京津冀基础设施一体化与金融支持之间的互动协调关系，对未来进行深入研究提供可行的理论分析架构和思路借鉴。该研究的应用价值体现在：一是通过京津冀基础设施一体化与金融支持综合评价指标体系的构建，为有效评价两系统综合及分类发展水平提供全新视角和评价标准；二是基于纵横标准化加权指数方法构建了基础设施和金融支持发展水平指数模型，对京津冀基础设施一体化及金融支持发展水平进行了定量测度，为政府相关政策的完善提供实证依据；三是在理论与实证基础上有针对性地提出促进京津冀基础设施一体化与金融支持协调发展的政策建议，为相关决策部门提供决策思路和政策参考。

目　录

第一章　导　　论

本章通过三节内容对全书做了一个基础性的介绍。第一节介绍研究背景及意义。首先，对京津冀基础设施一体化及金融支持基础设施的研究背景进行介绍；其次，从理论意义和现实意义两个视角，对京津冀基础设施一体化和金融支持的研究意义进行总结。第二节介绍概念、特征及分类。在对基础设施、基础设施一体化及金融支持基础设施概念进行阐述总结的基础上，对基础设施一体化与金融支持协调发展的内涵及特征进行了界定。第三节，研究内容、方法与创新之处。首先对主要内容进行了概括性介绍，其次介绍了主要研究方法，最后提出研究的创新之处。

第一节　研究背景及意义

京津冀是我国三大城市群之一，在我国经济社会发展中具有非常重要的地位。早在 20 世纪 80 年代京津冀城市群的区域合作就已经开展，主要经历了以下几个重要的阶段：第一阶段，1982～1989 年的"首都圈"概念提出阶段。该阶段成立了全国最早的区域协作组织（华北地区经济技术协作会），该阶段合作主要是通过地区间企业的横向经济联系。第二阶段，1990～2003 年的竞争加剧及合作削弱阶段。三区域在产业发展及招商引资等方面的竞争加剧，产生了一系列制约区域经济协调发展的区域性问题。第三阶段，2004～2013 年的"廊坊共识"重启协作阶段。这一阶段通过"廊坊共识"的达成促进了基础设施、资源和环境等多方面的协作。第四阶段，2014 年至今的京津冀协同发展国家战略阶段。2014 年 2 月 26 日，习近平总书记亲自批示京津冀区域协同发展上升为国家战略，京津冀协同发展的重要性明显提高。生态环境协同治理、一体化交通网络构建及产业合作格局巩固作为三个重点领域率先突破。在京津冀区域差距不断扩大及其对经济社会可持续发展产生制约性的深思中，新时期政府将推进京津冀协同发展视为促进经济社会发展的重要引擎并上升为国家发展的重大战略。在京津冀区域差距不断扩大及城镇体系发展失衡背景下提出的京津冀协同发展，更加注重区域间发展的协调性与可持续性，尤其强调要以交通和环境等基础设施一体化作为京津冀协同发展的先行领域，而金融支持状况是决定京津冀基础设施一体化能否顺利推进的资本型关键要素。金融支持与基础设施一体化有紧密关联性，二者相互影响相互作用。因此，对两系统互动协调状况的研究对京津冀协同发展有极为重要的意义。

本研究具有一定的理论前瞻性和研究价值。一是为后续深入研究区域基础设施一体化、金融支持及二者之间的协调发展提供一个可行的理论分析架构和思路借鉴；二是为政府根据京津冀基础设施一体化发展状况实施针对性的金融支持政策提供理论依据和决策思路；三是丰富政府金融支持政策理论体系，拓宽政府理论视野。同时，本研究不仅可以为重新评价京津冀以往基础设施一体化与金融支持政策实践的有效性提供一个全新视角和评价标准，还可以为京津冀协同发展时期如何保障基础设施一体化与金融支持良好互动以达到协调发展的作用，以及基础设施一体化与金融支持政策未来调控方向的抉择提供重要参考和实证依据。

第二节　概念、特征及分类

一、概念及特征

（一）基础设施的概念及特征

"基础设施"这个词语最早出现在北大西洋公约中，是指一个国家接受战争和准备战争的能力。在经济学词典中最开始是用"公共工程"和"公共事业定价"的定义来描述基础设施。城市基础设施的概念在各个国家有不同的解释，这主要是因为每个国家的国情不同所要考虑的方向也不同。一般来说，城市基础设施有广义和狭义的区分，狭义的基础设施是指供电、供水、供气、交通运输和邮电通信等物质基础设施；广义的基础设施除了狭义基础设施外，还包括科技、教育、文化和卫生等设施和部门。一般情况下，基础设施指的是狭义基础设施，本书研究以狭义基础设施为主，基础设施是并非只关注单个指标的全面综合系统。通过将基础设施具体划分为能源、交通、邮电通信和环境等不同子系统的分类基础设施，尽可能囊括了基础设施按照系统划分的重点强调内容和核心内涵，四个子系统构成的基础设施综合系统是京津冀协同发展时期基础设施一体化发展的方向和必然选择。基础设施是一个复杂的系统，不仅具有技术特征还有经济和社会特征。

1. 基础设施的技术特征

第一，系统性。狭义城市基础设施的定义认为城市基础设施是由分系统组合起来的综合系统，主要有六大子系统及其下属的二十个分系统构成的分系统组合起来的综合系统。城市基础设施的建设和运营要从整体上出发，提供产品和服务时也要将其作为一个整体考虑。对城市基础设施各项工作的进行都要进行统筹规划，各个子系统共同构成了城市基础设施的服务能力，城市基础设施服务能力的发展脚步和城市经济的发展脚步要一致，其发展的脚步和社会发展的脚步也要保持一致。不仅如此，对于城市基础设施的各个分系统之间的规划要进行合理的筹划和相对应的比例关系，如城市道路的统筹建设和自来水管网的规划和建设。

第二，地域性。城市基础设施的选址一般比较具有地域性，要在特定城市内的特定地点建设，为特定范围的消费者提供特定的服务，受益人群有区域性。

第三，前瞻性。城市基础设施项目应该提前考虑到区域内受众人群的需求和经济发展的要求问题。由于前瞻性这个性质的存在，所以对于城市基础设施的建设应该提前安排和规划。

2. 基础设施的经济和社会特征

第一，准公共物品性。当产品和服务不仅具有公共物品的特点也具有私人物品的特点时，将该产品和服务称为准公共产品，准公共产品在消费上具有竞争性和排他性特点。消费上的竞争性是指某些消费主体的消费将会减少其他经济主体的消费；消费上的排他性是指某些消费主体的消费会使得其他消费主体无法进行消费。城市基础设施的特点说明其中大部分基础设施是准公共物品，如城市供水系统和城市收费道路。政府和市场对于城市基础设施的提供具有不同的要求：一般来说，排他成本高、可替代性强的城市基础设施主要是由市场负责提供，而排他成本低、可替代性弱的城市基础设施则主要是由政府提供。

在我们的生活中，还有少数城市基础设施是纯粹的公共产品，如城市中不收费的道路和桥梁，有公共福利的城市公园、城市消防基础设施和城市排水基础设施，这些城市基础设施不具备消费上的竞争性和排他性，也就是说，一些经济主体的消费不会影响和排挤其他经济主体的消费。

第二，自然垄断性。自然垄断性是指产品提供者的边际成本曲线和平均成本处于一直下降趋势，这就表明规模收益一直处于递增状态。规模报酬递增意味着规模收益递增，随着规模的扩大投入产出的效率就会越高。城市基础设施的自然垄断主要是指资源稀缺的行业垄断，如煤炭和石油等稀缺资源。根据微观经济理论，规模报酬递增现象使得资源无法在市场机制下达到帕累托最优状态，不可能优化资源配置。大多数城市基础设施（如供水和供电），都有专门的网络运输产品和服务，这种类型的城市基础设施需要一次性大规模投资。一次性大规模投资造成的沉没成本是巨大的，大量沉没成本为市场新资本的进入制造了障碍，因此即使没有进入监管体系，竞争者也更难进入市场。

第三，外部性。外部性分类包括外部经济性和外部不经济性。由于房地产的价值会因为附近地铁的建设和城市道路的建设而产生价值上升趋势，城市污水和垃圾处理对城市环境和居民的健康有好处，以上城市基础设施具有外部经济性；城市居民对于水的使用量加大会使得地表水的流量减少，甚至可能会影响河流生态系统，城市人口和车辆增加使得城市交通量急剧增加，从而对环境产生负面影响，以上城市基础设施具有外部不经济性。

第四，载体性。城市基础设施是城市经济和社会生活的载体，而且在社会发展中具有基础性地位，所以载体性特征又被认为是基础性特征。城市居民生活用水、用电和用气等基本生活需求主要依靠城市基础设施，城市基础设施也对国民经济产业产生一定影响，比如工业用水、用电和用气为国民经济生产产业的生产活动提供基本保障。另外，城市基础设施价格对其他部门成本价格会产生一定的影响，城市基础设施性能和价格改变会很大程度上影响其他部门的生产活动。

第五，长期性。非经营性城市基础设施前期投资和后期维护管理的成本都比较高，项目利润几乎没有或者很低；对于经营性基础设施项目来说，虽然初期成本投入较高，但是长期来看运营管理成本处于减少趋势，加上项目的垄断性所以收益比较长期且稳定。

（二）基础设施一体化的概念及特征

一体化是指采用一定的措施或方法，将两个或者多个具有差异性的事项有机地融合为一体，使其相互协调，发挥整体效用。基础设施一体化是将区域之间的基础设施实现区域联动，将有差异的地区间的基础设施有机地融合到一起，使其相互协调，发挥出整体的效用。区域基础设施一体化的特点主要有以下几点：

第一，高效性和经济效益性。城市基础设施一体化会在一定程度上提高区域内这些设施的使用效率，促进居民对基础设施建设的热情，从而促进私人资本对基础设施建设的资金支持，金融支持反过来也会更加有效地促进基础设施一体化。基础设施一体化还会对区域经济社会产生影响从而提高区域经济社会效益。

第二，互联互通性。基础设施一体化包括交通基础设施一体化的发展，交通基础设施一体化发展会让城市之间的交通变得很便利，相对距离的缩短对于加强城市间劳动力和资本等要素流动具有重要影响，基础设施一体化能够加速实现各地区居民生活的互联互通，实现城市之间的无缝衔接。

第三，环境保护性。基础设施一体化建设促进经济社会发展，进而带动居民生活水平提升。随着人们对生活环境质量水平提升需求增加，资源环保基础设施需求及发展水平也会相应提升，有利于生态环境可持续发展。基础设施一体化发展对于资源配置更加合理，从而促进资源节约和环境友好的基础设施建设，环保基础设施一体化建设更加有利于区域内的环境保护。

第四，信息作用更为突出。基础设施一体化发展离不开现代电子信息技术的发展，基础设施一体化是以现代电子信息技术为基础而实现的，电子信息基础发展有助于实现信息收集、处理和利用等，为基础设施一体化提供更加全面和多样化的服务。

（三）金融支持基础设施的概念及特征

金融支持基础设施就是为了建设基础设施而进行的一系列投融资活动，其目的是为了解决基础设施建设过程中的资金需求。由于基础设施产品的特殊性，所以和其他金融支持项目相比有不同的特点，金融支持基础设施建设的特点有以下几个方面：

第一，社会公益性。由于基础设施是准公共物品，所以金融支持基础设施具有社会公益性的特点。金融支持基础设施项目的社会公益性特点也决定了金融支持基础设施建设可行性分析和项目评估（包括事前和事后评估）一定要考虑经济性和社会性影响，对项目建设、营运投入产出率评估考虑基础设施的公益性特点。

第二，融资结构多样性。基础设施项目一般具有资金需求大、建设周期长、回收期长和回报率低等特点，这些特点给投资者增加了各种风险，如建设风险和未来市场风险等。因此，对于基础设施建设的投融资管理，要找到合适的投融资模式和管理机制，通过促进融资结构的多样化保障基础设施金融支持规模、优化金融支持结构以及提高金融支持效率。

第三，项目导向性。由于项目现金流量和资产会对金融支持基础设施建设产生影响，金融支持基础设施建设资金提供者一般会关注基础设施建设现金流量，使他们倾向于选择现金流量大的项目进行投资，项目导向性使金融支持基础设施项目建设资金能够依靠多样化的项目融资方式获得。

在对金融支持基础设施特征进行归纳总结基础上，本书进一步对金融支持基础设施一体化的特征进行概括总结，相较于前者，后者的特征主要体现在以下两方面：

其一，金融支持基础设施一体化需要资金的强流动性。巨额资金需求是金融支持基础设施的重要特点，基础设施建设和运营需要大量的资金，实现区域基础设施一体化对资金有着更高要求，政府资金有限性使得社会资本成为筹集资金的主要来源之一，但是中小企业由于债券市场的不稳定而产生筹资困难问题。区域之间的分割性使得地区间资金流动比较困难，这就使得金融价值没有得到充分体现，使得有的地区具有大量闲置资金，而另外地区出现资金不足现象。所以，地区间的基础设施一体化的资金支持需要资金很强的流动性。满足基础设施建设资金的强流动性成为金融支持基础设施一体化的特点之一。

其二，基础设施一体化建设的金融支持具有区域需求均衡性特点，金融对城市群区域均衡的支持力度加大。新时期京津冀协同发展必然要走京津冀一体化的协同发展道路，从而引致京津冀基础设施一体化对金融支持资金需求的加大。当前，京津冀地区之间金融供给失衡，金融机构人员配备、网店设置及信贷配置等在京津冀地区之间差异悬殊。另外，也存在京津冀基础设施发展差距问题，北京和天津具有优厚的基础设施资源，而河北基础设施资源相对比较落后，不能完全适应京津冀协同发展的要求。在京津冀协同发展及城市群为主体新型城镇化的作用下，新时期基础设施及金融支持不能集中发展北京和天津地区，需要在资金支持带动引导下走均衡发展道路，推进京津冀基础设施一体化及金融支持的均衡协调发展。

（四）基础设施一体化与金融支持协调发展的内涵及特征

基础设施是为社会生产和居民生活提供公共服务的工程设施，是保障经济社会正常运转的物质基础设施，按照系统主要可以分为能源基础设施、交通基础设施、邮电通信基础设施和环保基础设施等。基础设施的金融支持是为保障基础设施建设需要进行的投融资活动，包括以政府为主体的投融资、以私营部门为主体的投融资以及公私合作的投融资，考察基础设施的金融支持状况不仅需要考察金融支持规模，而且需要考察金融支持结构和金融支持效率。协调发展视角下京津冀基础设施一体化与金融支持，是指为促进京津冀基础设施一体化与金融支持协调发展，通过加强金融对基础设施一体化的支持规模、支持结构和支持效率，对能源、交通、邮电通信和环保基础设施的一体化给予资金支持。京津冀基础设施一体化与金融支持协调发展的具体内容包括：

第一，京津冀各地区内部基础设施发展水平提升及基础设施一体化程度提升。京津冀地区间的基础设施及其一体化发展首先需要地区内部基础设施首先得以发展，之后才能实现地区之间的协同发展。京津冀各地区内部基础设施发展水平提升是基础设施一体化程度提升的基础，因此研究地区间基础设施一体化程度之前有必要对各地区内部各自的基础设施发展水平进行分析。基础设施是涵盖能源、交通、邮电通信和环境等各类基础设施的综合系统，因此各地区内部基础设施发展水平包括基础设施单指标发展水平、基础设施分类发展水平以及基础设施综合发展水平。京津冀基础设施一体化是京津冀一体化国家战略下需要最先突破和加速发展的一体化领域，包括区域之间的能源一体化，交通一体化，邮电通信一体化及环保一体化，在考量基础设施单指标一体化和分类一体化基础上，再进一步测度基础设施综合一体化程度。

第二，京津冀各地区内部金融支持基础设施水平提升及各地区之间金融支持基础设施一体化程度提升。金融支持是基础设施建设的基础和动力，地区内部基础设施的发展离不开地区内部的金融支持，因此，京津冀各地区内部金融支持发展水平的提升是京津冀各地区内部基础设施水平提升的资金保障，京津冀各地区之间金融支持一体化程度提升是京津冀各地区之间基础设施一体化程度提升的资金保障。京津冀各地区间金融支持一体化是京津冀基础设施一体化的重要推动力，只有地区间金融支持实现一体化，才能推动地区间基础设施一体化的不断提高。

第三，京津冀基础设施与金融支持协调发展程度提升。将基础设施和金融支持视为两个不同的系统，基础设施综合系统下属能源、交通、邮电通信和环境等分类子系统，金融支持综合系统下属金融支持规模、金融支持结构和金融支持效率等分类子系统。基础设施和金融支持协调发展程度提升是在基础设施内部分类子系统和金融支持内部分类子系统协调程度提升基础之上的两个综合系统之间协调发展程度的提升，因此，主要包括三方面的具体内容：基础设施内部能源、交通、邮电通信和环境等分类基础设施协调发展程度的提升，金融支持内部金融支持规模、金融支持结构和金融支持效率等分类金融支持协调发展程度的提升，以及基础设施综合系统和金融支持综合系统之间协调发展程度的提升。

二、分类

（一）基础设施分类

1. 按系统分类

根据狭义基础设施内涵，依据系统论观点进行分类，城市基础设施的六大子系统及其二十个下属指标如表 1 - 1 所示。

表 1 - 1　　　　　　　　　城市基础设施六大子系统

名称	内容
城市供水和排水系统	水资源开发、利用和管理系统；自来水生产与供应系统；雨水排放系统；污水排放及处理系统
城市能源系统	电力生产与输送系统；集中供热的热源生产与热力输送系统；人工煤气的生产及煤气、石油液化气、天然气的供应系统
城市交通系统	道路与停车设施系统；快速交通系统公共交通系统；对外交通系统
城市通信系统	电信设施系统；邮电设施系统
城市环境系统	环境卫生系统；园林绿化系统；环境保护系统
城市防灾系统	防洪系统；消防系统；人防备战系统；抗震及防地沉系统

2. 按公共性程度分类

依据公共程度不同进行分类，可以将城市基础设施分为公共物品、准公共物品和私人物品。公共物品不具有消费上的竞争性和排他性特点，消费上的非竞争性是指一部分经济主体的消费不会影响其他经济体的消费，消费上的非排他性是指经济主体不能独自消费，不能排斥他人的消费和使用。这种类型的基础设施包括城市免费道路、具有公益性质绿地以及城市防灾系统等；准公共物品是指既具有公共物品的特点又具有私人物品的特点。在一定的供给条件下，准公共物品消费上的竞争性会随着经济主体数量的增加而增加。这种类别的城市基础设施包括城市港口、码头、轻轨、污水处理和垃圾处理等；私人物品具有单独消费的特点，这种类型基础设施包括城市的供热、电力和燃料等基础设施。

3. 按项目资产收益特性分类

依据项目资产收益的特性进行分类，可以将其分为非经营性、准经营性和纯经营性城市基础设施。项目投资主体、运营模式和权益归属等问题都需在对项目进行区分后根据项目特性进行确定。免费城市道路和桥梁、具有公益性质的绿地和防汛设施等都属于非经营性项目。这类项目主要依靠政府财政对其建设进行资金支持，建设目的主要是促进社会和环境质量水平提升。这类项目的投融资单纯依靠政府的力量，市场不能有效发挥作用；经营性项目是依靠社会资金对其建设进行资金支持，国有企业、民营企业和外资企业在公平招标情况下都有可能成为投资主体。项目融资、建设、管理和运营均由项目投资方决定，投资方也有权拥有项目运营所得利润，如收费道路和桥梁等。市场在这类项目中可以发挥一定的作用对资源进行有效配置。这类项目的价值增值性使得社会资本愿意投资此类项目，所以这类项目可以通过社会投资建设完成；准经营性项目包含地铁、轻轨、公交等城市基础设施，收费机制和潜在利润的存在使得这类项目具有一定投资价值，但是收费价格的高低会影响项目的收益，如果收费价格不能达到一定的要求，那么项目就不能获得收益。因此，对于准经营性基础设施，需要综合考虑其成本收益，对于通过市场不能充分保障市场投资主体收益对等的情况下，需要采取政府财政和社会融资相结合的方式。

（二）金融支持基础设施的分类

金融支持基础设施模式根据金融支持主体不同可以划分为不同的模式，以市场为主体的模式称为市场主导型金融支持模式，以政府为主体的模式称为政府主导型金融支持模式，市场和政府合作的模式则称为政府和市场合作的金融支持模式。

1. 市场主导型金融支持模式

市场主导型金融支持模式是市场在基础设施建设融资中承担主体责任，更加有利于发挥资本追逐利润特性，并在此基础上推动其他资源的优化和整合，进而促进经济快速增长。在采用这种模式支持基础设施建设的过程中，首先，金融机构应根据自身利益，在安全、流动性和盈利能力的原则下选择具有竞争力的投资项目；其次，为了提高基础设施建设水平和效率，商业金融机构在市场机制的作用下根据金融市场资本供求利率，实现资金从低效基础设施部门转移到高效基础设施部门；最后，金融机构应通过建立组织和建设体系来控制和监督资本使用情况，增加企业的信息沟通，减少资金分配的盲目性和短视性，提高投资效率。

实行市场化模式，应该在很大程度上让民间资本成为项目的主要资金来源，尤其是经营性城市基础设施，更应该支持私人资本投资和经营，让社会资本进入基础设施领域。市场为主导型的金融支持模式也可以分为银行主导和资本主导。银行主导型金融支持指的是城市基础设施建设融资主要来自银行。银行主导型金融支持模式的特征是：城市基础设施建设企业内部融资较少、外部融资较多（外部融资主要来源于银行的信贷证券发行）；资本主导型金融支持模式和银行主导型金融支持模式的特征完全相反，资本主导型金融支持模式的特征是：城市基础设施建设企业内部融资较多，外部融资较少（主要来源于市场上的债券）、银行对企业的支持主要是企业用来周转的资金，以短期信用为主。

2. 政府主导型金融支持模式

政府主导型金融支持模式中政府是城市基础设施建设的投融资主体，利用财政资金统一组织基础设施建设，政府在基础设施建设过程中承担信贷担保的责任，进行重大基础设施融资活动。政府主导型金融支持模式可分为政策引导型和直接投资型。

（1）政策引导型。政策引导型主要是通过政策指导（金融政策）协调货币和产业政策，以实现资金宣传功能。一是相关政府部门（中央银行等）通过货币政策调整货币供应量，为城市基础设施建设提供良好的宏观发展环境。二是相关政府部门采取优惠政策，引导商业金融机构为城市基础设施建设提供资金支持。三是相关政府部门根据城市基础设施的资金需求进行信贷配给和相应指导，并利用信贷选择政策干预金融机构信贷计划，为城市基础设施建设提供资金支持直接投资。

（2）直接投资型。每个城市基础设施都有各自的重点和重要项目，这些项目影响经济发展的同时需要巨额资金支持，而且面临着投资回收期长等风险，从而导致私人金融机构的能力达不到融资标准。因此，这些重点项目需要相应地区政府直接对资金进行合理配置，还需要通过政策性金融支持这些项目的建设和运营。政策性金融是指在政府支持下建立政策性金融机构，依靠国家信贷支持直接或间接进行政策性资金支持。

3. 政府市场合作型金融支持模式

政府市场合作型金融支持模式也称为公私合作型金融支持模式，是指作为公共部门的政府和作为非公共部门的市场主体均参与到基础设施安排、生产和付费的环节中，共同为城市居民提供基础设施的金融支持模式。不同项目可以根据其自身特点采取不同的公私合作形式和类型。根据权利与责任的关系，公私合作型金融支持可以分为三种类型：合同承包、特许经营协议和补贴。政府和私人机构基础设施建设合同签订是业主和承包商之间的关系；在特许经营中，政府授予私人机构垄断特权，使其在政府价格监督下在特定地区提供特定基础上设施建设和服务；补贴是政府向私营部门提供一定补贴（如资金、税收优惠、低息贷款等），以鼓励私营部门提供低成本服务。

公私合作伙伴（PPP）融资模式是指政府与营利性公司和非营利性公司以项目合作形式进行基础设施建设，可获得较单独一方从事基础设施建设更有利的效果。项目实施不是政府将责任转移到私营企业，而是最大化合作利益，共同分担责任和风险。一般而言，之所以会存在PPP融资模式是因为基础设施这类项目首先需要政府根据不同的项目有针对性地新成立一家公司，在资金和技术方面给予一定帮助；然后，由这家受政府支持公司进行项目融资和建设。在这类项目完成之后，项目的运营商由政府指定，项目收益人也为这家获政府帮助的新成立公司，因此，私营结构在PPP金融支持模式下能够获得政府支持，保障基础设施建设运营的盈利，从而在有效保障私营机构进行基础设施建设运营金融支持力度的同时促进基础设施建设发展。

建设—经营—转让（BOT）融资模式的特殊之处在于政府提供给开发商的权利是有期限的，这些有期限的权利包括基础设施的建设和运营，也就是政府将基础设施建设运营的权利有期限地转移给私有企业。开发商要在这个期限内完成基础设施的融资和建设工作，超过这个期限开发商需要将运营权利转交给政府。与政府合作的私营企业也会获得政府给予的一系列优惠政策。需要注意的是，在BOT模式下政府如果承诺给企业合理的利润或者相应的优惠就一定要兑换承诺，如果政府部门违约的话也一定要在合理的范围内给予企业相应的补偿。政府在和企业合作过程中一定要保持承诺从而维护政府信用形象，进而保障政府能够获得企业和社会的充分信任，以为未来基础设施建设进一步采取BOT模式奠定基础。

建设—转让（BT）模式是在基础设施建设项目中非经营性基础设施经常采用的融资模式，基础设施项目建设者和投资人达成相关协议，项目运作通过项目机构总承包，融资并建设验收合格后交给业主，业主需向投资方支付项目投资费用和一定的费用。这种模式适用于基础设施建设中的非经营性基础设施建设，对非经营性基础设施建设具有重要的金融支持作用。

转让—经营—转让（TOT）模式是国际上较为流行的基础设施金融支持模式，主要是依靠现有基础设施，盘活基础设施运营获得收入。具体流程如下：政府将其所拥有资产和基础设施项目的使用权进行出售，资金雄厚的私营企业利用自身资金购买政府出售产品；私营企业获得政府移交的一定期限的产权或经营权之后进行运营管理获得回报；私营企业在合同期满后将项目交还给政府部门。TOT金融支持模式能够有效盘活城市基础设施存量资产，使城市基础设施发挥最大的经济和社会效益，促进基础设施发展水平提升。

转让—建设—转让（TBT）金融支持模式主要是将BOT模式和TOT模式进行融合，BOT模式是TBT模式的重点内容，TOT模式则起到辅助BOT

模式的作用。该模式主要内容包括：投资商接手政府已经开始处理或者将要开始运行的基础设施项目；投资商对接手的项目进行资金规划和配置以及制定项目运行具体内容；投资商完成项目后将项目重新返还给政府并得到一定收益；政府将投资商已经完成的项目和政府未完成的项目进行融合，从融合的项目中获取收益，等到融合后的项目全部完成建设工作从而获得相应收益。

第三节 研究内容、方法与创新之处

一、研究内容

本书共八章。第一章包括研究背景及意义，概念、特征及分类，研究内容、方法与创新之处。第二章是文献综述，主要对基础设施及基础设施一体化、基础设施与金融支持相关关系两大方面的内容进行较为全面的文献回顾及述评。第三章是理论基础，对基础设施及基础设施一体化相关理论、金融发展相关理论和金融支持基础设施相关理论进行了理论介绍。第四章是京津冀基础设施发展水平及一体化程度评估。在构建综合全面的基础设施评价指标体系基础之上，基于纵横标准化合成指数对基础设施单指标发展水平、基础设施分类发展水平以及基础设施综合发展水平进行了定量测度；基于协调发展评价领域普遍采用的耦合协调度模型，构建了基于耦合协调度模型的京津冀基础设施一体化模型，定量测度了京津冀13市基础设施一体化程度。第五章从金融支持视角分析京津冀金融支持基础设施发展状况。一方面，分析金融支持基础设施发展水平。基于纵横标准化合成指数对金融支持单指标水平、金融支持分类水平和金融支持综合发展水平进行定量测度；另一方面，分析京津冀13市金融支持一体化程度。基于耦合协调度模型构建了京津冀13市金融支持一体化模型，定量测度了京津冀13市金融支持一体化程度。第六章是京津冀基础设施与金融支持协调发展程度分析，主要内容包括基础设施内部能源、交通、邮电通信和环境四个子系统之间的协调发展程度；金融支持内部金融支持规模、金融支持结构和金融支持效率三个子系统之间的协调；基础设施与金融支持之间的协调。第七章是经验案例，总结了国外国家间及城市间基础设施一体化的金融支持典型案例及经验，同时也总结了国内典型城市群（如长三角城市群、珠三角城市群、武汉都市圈和长株潭城市群）基础设施一体化的金融支持典型经验案例，探讨了这些区域金融支持基础设施一体化建设经验对京津冀基础设施一体化的经验启示。第八章为结论及政策建议。根据定量分析结果总结了京津冀基础设施一体化现状及存在的问题，金融支持基础设施一体化的现状及问题，基础设施与金融支持协调发展现状及存在的问题，并基于前面定性与定量研究结果提出促进京津冀基础设施一体化、金融支持基础设施一体化的政策建议。

二、研究方法

本报告主要研究方法包括：（1）文献研究法。大量阅读国内外学者已有相关研究成果，全面了解关于基础设施、基础设施一体化与金融支持相关方面的研究进展，从而在已有研究成果基础上吸取精华，力求创新。（2）定性分析法。对京津冀基础设施一体化与金融支持状况进行定性分析，运用归纳和演绎、分析与综合以及抽象概括等方法，深入分析京津冀基础设施一体化内涵、基础设施一体化与金融支持内涵、基础设施一体化与金融支持协调发展内涵及特征。（3）定量分析法。使用综合指数方法对京津冀基础设施和金融支持发展水平进行深入分析，并基于耦合协调度模型构建京津冀基础设施一体化模型和京津冀13市金融支持一体化模型对一体化状况进行分析，基于耦合协调度模型对京津冀13市基础设施与金融支持协调状况进行定量分析。（4）案例分析法。在对京津冀基础设施与金融支持状况进行定性定量分析基础上，对国内外金融支持基础设施一体化进行经验案例分析，探讨国内外金融支持基础设施一体化对京津冀的共同经验启示。

图1-1展示了本书的研究脉络、研究内容及研究方法。

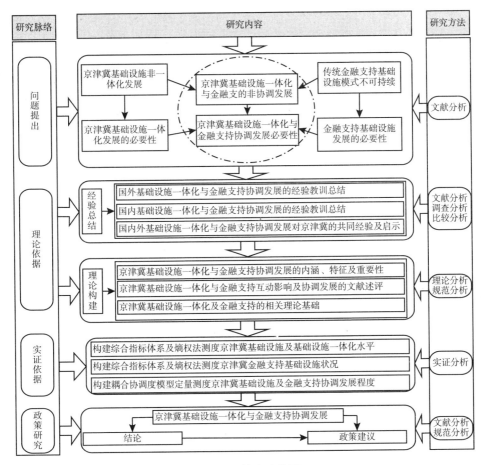

图1-1　技术路线图

三、创新之处

（一）构建综合全面的基础设施和金融支持评价指标体系

本书基于理论和文献梳理总结：（1）将基础设施是涵盖能源、交通、邮电通信和环境四个子系统的综合复杂系统，并非只关注单个指标的简单系统。通过将基础设施具体划分为四种不同类型的分类基础设施，尽可能囊括了基础设施按照系统分类重点强调的内容，四个子系统构成的基础设施综合系统是京津冀协同发展时期基础设施一体化发展的方向和必然选择。（2）构建涵盖金融支持规模、金融支持结构和金融支持效率三个子系统的金融支持综合指标体系。金融支持基础设施评价要改变以往采用金融支持规模作为单一指标的评价标准，在充分考虑多种要素的基础上构建的金融支持综合指标对金融支持基础设施状况评价将更为综合客观。

（二）构建纵向和横向加权合成的基础设施与金融支持指数模型

本书选取 2006～2018 年京津冀 13 市基础设施 12 个指标与金融支持 9 个指标相关数据，采用熵值赋权法对各指标进行加权合成综合指数；采用离差方法对原始数据进行标准化，以北京和邯郸 2006～2018 年每万人互联网宽带用户数量指标为例，由于该期间两市互联网宽带用户数量均呈现出不断上升趋势，两市 2006 年和 2018 年互联网宽带用户数量的标准化数值均为 0 和 1，这样的标准化方法仅考虑到地区内部 2000～2018 年年度纵向的比较，没有考虑到地区之间的差别。因此，在纵向标准化基础上，本书考虑了地区之间的横向对比，北京 2000 年纵向标准化数据为 0，假设比其他 12 市互联网宽带用户数量都高，2000 年横向标准化数据就为 1。在对纵向和横向标准化数据采取平均赋权的基础上，北京 2000 年常住人口城镇化率的标准化指数 = 纵向标准化数据 × 50% + 横向标准化数据 × 50% = 0 × 50% + 1 × 50% = 0.5。这样的标准化指数可以对同一地区各年份之间进行纵向比较，也可以对同一年份各地区之间进行横向对比，纵向和横向标准化合成指数是本书评价两系统综合发展水平指数模型构建的一个重要创新之处。

（三）基于耦合协调度模型构建京津冀 13 市基础设施一体化和金融支持一体化指数

目前，学术界普遍采用绝对平均偏差模型来测度区域一体化，绝对平均偏差虽然可以较好地衡量各个地区与各地区均值的偏差程度，但是无法衡量出各地区的发展程度，也就是说各地区发展程度都较高时或者都较低时可能获得一样的绝对平均偏差值。显然，绝对平均偏差具有很大的局限性，因为各地区在发展程度高时和发展程度低时的一体化，显然具有不同的意义。本书借鉴耦合协调度模型在评价系统间协调发展状况方面的优势，将其引入研究京津冀 13 市间的基础设施一体化和金融支持一体化程度。耦合协调度模型在评价地区间一体化程度时，不仅能考察地区间相互作用程度的强弱，而且也能反映各地区的发展水平高低情况。

（四）基于耦合协调度模型考察基础设施内部、金融支持内部、基础设施与金融支持之间的协调发展状况

在纵向和横向加权合成标准化数据基础上，本书通过耦合协调度模型考察新型城镇化内部能源、交通、邮电通信和环境四个子系统的协调发展状况，对京津冀13市的协调发展水平进行了对比分析；通过耦合协调度模型分析了金融支持内部金融支持规模、金融支持结构和金融支持效率三个子系统的协调发展状况，对京津冀13市的金融支持发展水平进行了比较分析；最后通过耦合协调度模型重点考察了基础设施与金融支持之间的协调发展状况，并对京津冀13市的协调发展状况进行了对比分析。

（五）基于协调发展视角提出京津冀基础设施一体化与金融支持的政策建议

在理论构建和定量分析基础上，本书提出促进京津冀基础设施一体化及金融支持基础设施一体化程度提升的政策建议，即采取政府引导—企业运营—民众参与的多元主体模式，充分发挥各主体的职能责任，推进京津冀基础设施综合一体化的提高。同时，提出京津冀能源、交通、邮电通信和环境分类基础设施一体化是综合一体化提升的基础，分别就各分类基础设施一体化提升提出了相应政策建议；之后，分别从基础设施的金融支持规模提升、金融支持结构优化和金融支持效率改进三个视角，提出金融支持基础设施一体化政策建议。

第二章 文献综述

　　基础设施是国民经济和社会发展的物质基础，而金融支持在基础设施建设中扮演着资金支持的重要角色。国内外学者在金融支持基础设施建设方面进行了大量的研究。该章将分别对国内外学者相关研究内容进行梳理总结，将国内外学者在基础设施一体化与金融支持方面的研究内容分为三节内容进行归纳总结：第一节，基础设施及基础设施一体化文献回顾；第二节，基础设施与金融支持相关关系文献回顾；第三节，文献述评，这一节总结前两节已有研究取得的成果及进一步研究的空间，提出拟改进之处。

第一节　基础设施及基础设施一体化文献回顾

　　国内外大多数学者主要是在区域一体化框架下研究基础设施一体化，认为基础设施一体化对区域一体化有重要的促进作用。近年来，少数学者开始单独关注基础设施一体化研究，并对基础设施一体化衡量指标及测量模型进行了研究。本书从基础设施一体化对区域一体化的影响作用及基础设施一体化指标体系及测量两大方面对已有文献进行梳理总结。

一、基础设施对区域一体化的影响作用

　　国内外大量文献研究了基础设施和区域经济一体化的相互促进作用。恩杜鲁（Ndulu，2006）研究认为，基础设施建设有助于促进经济增长和缩小地区间的差距，改善欠发达地区基础设施对促进区域平衡发展具有重要意义。有学者研究表明，基础设施投资与经济绩效之间存在着很强的相关性，指出中国城市间基础设施建设的差距越来越大，这种不平衡导致城市间经济发展差距也在加大（Wu，2010）。斯里瓦斯塔瓦（Srivastava，2011）认为，在"一带一路"

区域经济合作中，需要通过交通基础设施的不断完善来促进区域经济走廊的建立。胡凯等（Hu et al.，2012）研究认为，随着中国中部崛起战略的提出，中部区域经济面临着发展提速的问题，他们通过定量分析发现，物流基础设施对地区经济发展具有正向影响作用，需要加快物流基础设施建设来促进区域经济发展。丁鼎等（Ding et al.，2014）指出，随着亚洲地区基础设施需求的不断增加，区域金融创新和区域一体化可以促进区域内金融流动，加强区域内以及与全球金融市场的金融联系也有助于基础设施建设和亚洲基础设施的共同发展。帕莱斯蒂尼和阿戈斯迪尼斯（Palestini and Agostinis，2018）研究了交通和能源基础设施对南美区域经济一体化的影响，研究认为该区域基础设施领域合作和一体化对推动区域一体化具有重要的影响作用。

国内文献早期主要采用定性分析方法探讨基础设施建设对于区域一体化的重要影响作用，认为基础设施一体化是区域一体化的重点先行建设领域。罗明义（1995）在其研究中就指出，基础设施是区域经济发展的基本条件和前提。随着区域经济的一体化发展，区域基础设施能否综合协调、持续地发展已成为区域经济发展的关键。邹卫星和周立群（2010）认为，区域经济一体化在全球化快速发展的背景下是大势所趋，作者采用定性分析方法对主要城市群一体化程度进行了分析。研究认为城市群一体化的影响因素很多，产业结构一体化最难协调，基础设施一体化最容易实施也进展最快。

近年来，随着区域一体化和基础设施建设的逐步推进，城市群一体化程度加强，国内文献开始采用定量分析方法实证检验基础设施对区域一体化的正向影响作用。刘生龙和胡鞍钢（2014）采用我国 28 个省份 1987～2007 年的面板数据实证检验交通基础设施对我国经济和区域经济的影响，结果显示交通基础设施对我国经济具有正向促进作用。刘育红和王曦（2014）采用"新丝绸之路"经济带 17 个城市 2001～2011 年的面板数据，基于引力模型实证检验了城际交通基础设施对区域经济一体化的影响，结果显示交通基础设施增加了城际和区域贸易，对区域经济一体化具有正向作用。何丹、殷清眉等（2017）采用长株潭城市群 1990～2013 年的面板数据，采用交通投资水平和交通规模水平来衡量交通基础设施建设状况，实证分析了交通基础设施和城市群一体化之间的动态关系，结果显示，2005 年以来长株潭城市群一体化程度不断提高，交通投资水平和交通规模水平对城市群一体化具有正向促进作用。赵鹏（2018）采用我国 31 个省份 2000~2014 年的面板数据，基于价格法和"冰山成本"模型对交通基础设施与区域一体化之间的关系进行了实证研究，结果显示，交通基础设施可以通过抑制相对价格波动程度的方式加强区域经济一体化，作者提出要加强交通基础设施建设来促进区域经济一体化。

二、基础设施一体化指标及测量

较多学者是从交通基础设施建设等某一个指标对区域一体化的影响角度来研究基础设施建设的重要性，较少有学者单独研究区域间基础设施一体化，特别是进行基础设施一体化程度测度的研究非常少。近年来，随着长三角、珠三角和京津冀城市群的不断发展，少数学者开始关注到了基础设施一体化评价的重要性，开始对城市群基础设施一体化进行评价和测量。早期主要是通过定性评价方法，后期主要通过构建指标和计量模型的实证方法进行研究。王维（2006）通过定性分析方法对长三角基础设施一体化进行了研究，认为基础设施对长三角区域经济融合发展具有非常重要的意义，并重点分析了长三角交通一体化现状及问题，并提出优化交通网络布局、交通信息化及建设共享机制的对策建议。卢扬帆和郑方辉（2014）认为基础设施是衡量区域一体化程度的关键指标，构建了包含多个维度的基础设施综合评价指标体系，采用珠三角九市 2001~2012 年面板数据基于主成分分析法对各城市的基础设施综合发展水平进行了测度。结果显示珠三角基础设施综合水平在测度的 12 年间有所提升，但是通过各城市的水平指数对比，作者认为珠三角区域内部各城市的基础设施差距有所加大，需要加强城市群基础设施一体化程度来促进区域一体化的提高。李玉涛（2015）指出，京津冀交通运输基础设施一体化对于京津冀区域经济一体化具有重要作用，提出应该在城际铁路件数、沿海港口与疏港铁路、东北过境高速公路通道和环北京轨道交通延伸线等方面加强京津冀基础设施一体化建设。郭茜和庄菁（2018）对京津冀物流设施一体化指标体系及测度模型进行了研究，指出物流基础设施指标体系构建与模型要视具体发展阶段而不同，指出京津冀物流设施一体化发展路径可以归结为点—线—面的过程，每个发展阶段的发展目标与发展方式各具特色，应该根据各阶段的特点设计阶段性评价指标体系，测度京津冀物流基础设施一体化程度。

第二节 基础设施与金融支持相关关系文献回顾

一、基础设施和金融支持规模

国外大量研究表明基础设施建设对城市发展和国家发展至关重要，而金融支持则是基础设施建设的重要基础和动力。有学者对城市发展过程中基础设施的融资行为进行分析，认为健全和发达的金融体系能够为基础设施建设提供更有力的资金支持（Hsing，1990）。恩格威等（Ngowi et al.，2006）认为可靠和发达的基础设施是任何国家发展的必要条件，因此，基础设施的金融支持问题对任何国家发展都非常重要。阿纳斯（Anas，2012）认为公共交通支撑城市的发展，但是固定收益的道路系统约束了公共交通的发展，从而也就限制了城市的发展，交通基础设施发展的金融支持就显得尤为重要。

国内学者在基础设施与金融支持的关系方面也进行了较多的研究。汪小亚（2002）通过区分金融和财政对城镇化的支持作用，认为金融对基础设施建设具有积极作用。郭新明（2004）认为城镇化是包括基础设施建设等多方面的系统工程，而金融支持对这些方面均起着基础性作用。陈元（2010）则对金融发展中的开发性金融与城镇化关系进行了研究，认为城镇化发展中的城市基础设施建设受开发性金融的重要影响，开发性金融发展与基础设施建设具有较为明显的因果关系。赵予新和马琼（2015）利用1995～2013年城市基础设施融资数据建立回归模型，对金融支持城市基础设施投融资贡献度进行实证分析，研究结果显示金融支持对城市基础设施融资具有显著的正向影响作用。

二、基础设施与金融支持结构

从基础设施与金融支持规模的相关研究可知，金融支持规模对基础设施建设发展具有重要作用。学者们除了关注到基础设施与金融支持规模的关系之外，还关注到了金融支持结构与基础设施建设的重要影响作用。

传统基础设施的金融支持主体和模式是政府主导型金融支持模式。20世纪80年代末以来，随着基础设施建设资金需求的不断增长，项目融资逐渐成为许多国家基础设施融资的重要手段，越来越多的学者认为私营部门应该参与城市基础设施建设，主张金融支持主体应该多元化。威尔顿和艾瑞特（Walton and Euritt，1990）在其研究中指出，美国交通基础设施融资方式是从欧洲的影响演变而来，将使用费或通行费作为财政支持来源以支持修建和维护道路。为了应对不断增长的资金需求，为交通基础设施改善提供资金，私人部门参与成为一种有效解决资金困境的方式。海利（Haley，1992）指出，私营部门投资建设自由经营项目的背景，概述了BOT融资模式的概念及战略，以及如何建立典型的合同结构。英德斯特（Inderst，2013）探讨了欧洲基础设施融资的结构和发展，考察了私人资本对基础设施投资需求融资的贡献，有发展替代融资安排（如公私伙伴关系）和投资工具（项目债券和适当的投资基金）的空间。钟和普尔（Chong and Poole，2013）指出，近几十年来发达经济体从公共基础设施融资转向私人基础设施融资，他们研究了中国、印度、澳大利亚和英国四个国家的基础设施融资，以说明各国政府为基础设施融资和鼓励私人融资所采取的不同方法，这四个国家基础设施公共融资仍然十分重要。艾斯塔克（Estache et al.，2015）针对基础设施金融支持主体的合理选择问题进行了研究，建立了发展中国家基础设施融资选择的理论框架，为使用公共财政、私人债务和私人股本的组合提供决策准则。

国内学者多数认为基础设施金融支持在以政府为主导的同时，应该吸引私人资本采取公私合营的方式。方少勇（2005）认为，政府作为有形的市场调控之手对金融市场朝着良性方向发展具有重要作用。王元京和张潇文（2013）认为，当前中国城镇化建设融资的多元化格局尚未真正形成，地方政府为目前城市基础设施融资的主体。但是已经有越来越多的学者认为随着基础设施建设资金需求的加大，金融支持主体应该不断多元化。陈爱莉（2004）认为商业银行机构对拓宽城镇化融资渠道和推进城镇化发展具有重要作用。文春晖和李明贤（2011）从我国投融资体制改革现状入手，认为PPP模式是我国"两型社会"建设的必然选择。马君（2011）认为PPP模式可使公共部门与私营部门在基础设施建设中优势互补、互利双赢、实现参与程度的帕累托最优。张水波和郑晓丹（2015）以金砖国家为例，构建了PPP制度成熟度的分析框架，探究了经济发展速度和PPP制度成熟度对发展中国家基础设施PPP项目数量及实施质量的影响作用，剖析了PPP制度成熟度的各个维度对基础设施PPP项目实施质量的影响力。

三、基础设施与金融支持效率

国外学者针对基础设施资金需求加大从而导致金融支持不足的问题，主要提出了通过金融创新、土地价值提取以及非传统资金来源开发等方式来提高金融支持效率。有学者介绍了亚太地区基础设施融资的一些主要问题，认为有效基础设施融资应以资本市场的无形之手为指导，而这种融资的一个关键部分必须来自金融创新（Chen，2002）。斯霍宾（Sihombing，2009）指出1998～2005年东亚基础设施投资停滞不前，金融危机后印度尼西亚基础设施投资放缓，为了鼓励基础设施投资市场的增长，基础设施融资需要金融创新。皮特森（Peterson，2010）认为在公共部门拥有土地的国家，土地是市政资产负债表上最有价值的资产，政府可将土地价值收益投资于基础设施，其研究表明中国许多城市在过去的10～15年内，通过土地销售为高额的基础设施提供了一半以上的资金。萨吉诺等（Saginor et al.，2011）指出收入下降和成本上升导致新的交通基础设施和现有的基础设施维护资金短缺，得克萨斯州提出通过获取与土地开发改善相关的土地开发回报来应对交通基础设施增加的需求。科克和马利特（Kirk and Mallett，2012）研究表明，美国联邦当前主要通过公路信托基金中的汽车燃料征税来提供交通基础设施资金需求，但是未来这一资金供给显然无法再保障交通基础设施不断增加的资金融资需求，因此，通过私人和非传统资金来源（如通行费、PPP以及联邦贷款计划）来改善交通基础设施成为一种较为普遍的方式。有学者提出了一种新的政府基础设施投资融资方案——储备融资，研究结果表明储备融资与有管理的浮动汇率制度相结合，既能保持国家的快速增长，又能缓解地方政府的财政压力（Yin，2013）。迈耶（Meyer，2016）研究认为，交通基础设施需要金融资金的支持，交通规划非常需要关注交通融资和资金来源，因此，将未来收入作为资本投资计划的一部分是交通规划过程中一个非常重要的步骤。

随着国内城镇化的快速推进，基础设施的金融支持问题逐步显现出来，学者们提出应通过金融创新、完善投融资体制机制和金融服务体系来提高金融支持效率。范川（2003）指出应该在总结国外城市建设融资经验的基础上，创新融资机制，开发创新融资模式和融资产品，加大金融支持城镇化建设的创新力度。陶萍（2008）认为吸引社会民间资本进入环境设施领域是实现环境保护目标的重要途径，并通过建立与市场经济相适应的城市环保基础设施项目投融资机制，为城市环保基础设施项目融资实践提供参考与借鉴。黄国平（2013）指出，城镇化过程中的基础设施建设等需要大量资金支持，应通过金融服务体系的构建和完善来提高金融支持效率。胡滨和星焱（2015）通过分析韩国政府部门融资、私人部门融资和资本市场创新的经验启示，提出了我国需要在完善立法、投资主体多元化、创新金融工具、加强财政与金融政策协调等方面借鉴韩国的经验。唐未兵和唐谭岭（2017）采用中部六省份2005～2014年新型城镇化和金融支持相关数据，运用耦合协调度模型和空间计量模型研究两系统之间的相关关系，并建议应提高金融效率、开拓多层次融资渠道支持，实现新型城镇化建设和金融的可持续的耦合协调发展。

四、地区间基础设施一体化与金融支持

国内外文献主要对国家内部城市间及跨境基础设施一体化及金融支持问题进行了研究，并提出了针对性的对策建议。有学者研究表明，基础设施投资与经济绩效之间存在着很强的相关性，指出中国城市间基础设施金融支持的差距越来越大，这种不平衡导致城市间经济发展的差距也在加大（Wu，2010）。文章探索城市间基础设施融资的模式和扩大范围的机制，从而解决当前城市间融资不平衡带来的城市经济不平衡问题。丁鼎等（Ding，et al.，2014）指出，随着亚洲地区基础设施投资需求的不断增加，区域内金融创新和一体化可以促进区域内金融流动，加强区域内以及与全球金融市场的金融联系也有助于融资来源多样化，并降低新兴亚洲的融资成本。"一带一路"的发展带动了很多国家的基础设施建设，国外学者对于"一带一路"国家之间基础设施一体化与金融支持问题开展了较多的研究。斯里瓦斯塔瓦（Srivastava，2011）认为，在"一带一路"区域经济合作中，区域经济走廊的建立需要高速交通运输通道或者升级低质量道路等基础设施建设，而这些建设需要金融支持。斯克鲁普斯卡和斯祖德利塔特（Skorupska and Szczudliktatar，2014）通过对"一带一路"基础设施投融资的分析，认为"一带一路"基础设施项目可以为亚洲基础建设资金问题带来相应的解决办法。苏珊兰（Susanlan，2017）指出，老挝在金融方面存在的问题是信贷投资违约较多发生，因而中老双方在双边经贸往来的过程中，需要进行信用和信贷资质调查，为双方金融机构

形成良好的合作基础，进而为"一带一路"基础设施实施建设创造更好的金融支持环境。

国内学者对基础设施一体化及金融支持的研究也在不断增多，主要集中在国内城市群基础设施一体化及金融支持领域，近几年来也有越来越多的学者开始关注跨境基础设施一体化的金融支持问题。盖文启（2000）从城市群基础设施出发分析了山东半岛城市群可持续发展的情况，肯定了金融支持在基础设施发展方面的重大作用。王志平（2007）指出区域经济合作中要加快区域交通一体化建设，必须加快交通运输基础设施一体化建设，金融支持在交通基础设施一体化方面有着至关重要的作用，所以要加大金融支持对交通基础设施建设的力度。章权、陈冠雄等（2010）分析珠江三角洲交通一体化现状和存在的主要问题，明确珠江三角洲交通一体化目标任务，提出整合交通资源使之更好地促进交通一体化，提高金融对交通一体化及区域经济一体化的支持作用。随着国家间区域一体化的不断发展，不少学者开始研究跨境基础设施一体化的金融支持问题。袁佳（2016）通过对"一带一路"基础设施建设资金需求和投融资模式的探究，构建"一带一路"基础设施建设的多层次全方位融资体系。刘婷婷和杨斌（2018）利用国际金融市场的融资渠道、实现国内政策性金融与商业性金融的协调互助、构建社会资本参与的民间资本支持体系三方面入手，架构西藏南亚大通道基础设施建设的金融支持体系。

第三节　文献述评

一、基础设施及基础设施一体化文献述评

从文献回顾可以看到，国内外学者在基础设施对区域一体化的作用、区域基础设施一体化的评价及测量方面进行了较多的研究。但是现有研究主要存在以下几点不足之处：（1）大多数研究主要研究交通基础设施及该基础设施对区域一体化的影响，而基础设施根据系统划分可以分为能源、交通、邮电通信和环境等，是一个综合复杂的系统，单纯从交通基础设施来衡量具有片面性。（2）大多数研究采用单一指标来衡量基础设施发展情况，少数开始采用多维

度指标来衡量，但是没有对基础设施一体化进行有效测量。如卢扬帆和郑方辉（2014）测算出来了各地区基础设施综合发展水平，之后仅通过简单比较各地之间发展水平的大小来判断差距程度，没有采用有效模型进行一体化测度。（3）2014年京津冀协同发展上升为国家战略，现在京津冀协同发展国家战略已经实施超过了五周年，基础设施领域是三地区协同发展的先行领域和关键领域，对京津冀协同发展特别是先行领域基础设施系统发展状况进行评价具有重要的理论意义和实践意义，但是当前对京津冀基础设施一体化进行系统全面分析的文献非常少。李玉涛（2015）以及郭茜和庄菁（2018）以京津冀城市群为研究对象，但是前者仅采用定性方法对交通基础设施一体化进行了分析，后者从理论上构建了物流基础设施一体化模型，但是没有采用数据进行实证。

国内外文献在基础设施及其一体化方面做了大量研究，为本书的研究提供了基础。但是，当前研究还存在以下几点可以拓展的空间，本书力求在这些方面做出改进：

其一，基础设施衡量指标单一。国内外大多数文献均是从基础设施单一维度或者单一指标来衡量基础设施发展水平，而基础设施是综合复杂的系统，采取单一指标对其进行衡量具有不合理性和不全面性。本书结合基础设施按照系统划分的定义及已有研究文献成果，对基础设施综合系统进行多维度地综合考察，将基础设施划分为能源、交通、邮电通信和环境四个子系统，各个子系统下涵盖多个具体衡量指标，从而客观全面地衡量基础设施的综合发展水平。

其二，基础设施一体化定量分析不足。当前大量文献主要分析基础设施对区域经济的影响作用，多是采用相关分析和回归分析，分析基础设施对因变量的影响作用，而对基础设施一体化进行研究的文献不多。在研究基础设施一体化的文献中，主要采用定性分析方法分析基础设施一体化存在的问题及对策，少数开始采用定量分析方法研究基础设施一体化状况。如卢扬帆和郑方辉（2014）对珠三角九市的基础设施综合水平进行了测量，但是没有构建出一体化模型来测量地区间的一体化程度。郭茜和庄菁（2018）构建了分阶段的物流基础设施一体化理论模型，但是没有采用数据进行实证分析。针对当前基础设施一体化定量分析不足，缺乏基础设施一体化合理模型及实证的问题，本书首次引入协调发展领域常用的耦合协调度模型，充分发挥了耦合协调度模型在评价系统间协调发展程度方面的优势，构建基础设施一体化模型，并根据基础设施不同的层级——综合指标、分类指标及单指标构建基础设施综合一体化指数，分类一体化指数和单指标一体化指数。

其三，京津冀城市群基础设施一体化尤其是市级层面之间基础设施一体化研究非常缺乏。京津冀基础设施一体化作为京津冀协同发展的率先发展领域，其一体化状况的测度对于京津冀协同发展状况的评价具有非常重要的意义，但是当前缺乏对京津冀三地区及各地区之间基础设施一体化状况的考察。本书在数据可获得性的前提下，选取 2006～2016 年京津冀 13 个城市（北京、天津、石家庄、唐山、秦皇岛、邯郸、邢台、保定、张家口、承德、沧州、廊坊和衡水）基础设施相关指标，对京津冀 13 市基础设施发展水平及其一体化程度进行定量分析。2006～2018 年涵盖了京津冀协同发展的重要两个阶段：2006～2013 年的"廊坊共识"京津冀协同发展启动阶段和 2014 年之后京津冀协同发展上升为国家战略阶段。2006～2018 年跨越了两个重要阶段，可对两个阶段的基础设施一体化状况做出客观评价。

二、基础设施与金融支持相关关系文献述评

国内外学者对城镇化与金融支持规模、金融支持结构及金融支持效率、金融支持跨区基础设施一体化建设进行了具体探讨，对本书研究有着重要的借鉴作用。但现有研究存在以下不足之处：（1）缺乏以城市群为主体的基础设施一体化研究，更缺乏城市群基础设施一体化与金融支持相关关系的研究。（2）基础设施的金融支持系统是一个复杂的综合系统，涵盖多个子系统。但是当前研究多集中在金融支持规模这类子系统上，对其他子系统（金融支持结构和金融支持效率）关注不够。（3）少有文献从金融支持视角来研究城市群基础设施一体化，特别是缺乏采取定量分析方法对城市群金融支持状况进行的测度。从当前研究地区间一体化的文献来看，大多数研究对地区间一体化的测量采用区域经济学和国际贸易领域普遍常用的绝对平均偏差方法进行测量，绝对平均偏差方法虽然能反映地区间目标变量的离散程度，但是不能反映各地区发展水平的高低，即绝对平均偏差方法在各地区发展水平均较低时也会得到较高的一体化程度，只要各个地区发展差距不大。

本书力求在以下几方面进行改进：（1）以京津冀城市群为视角，研究京津冀 13 市基础设施一体化状况，并从金融支持视角探讨基础设施一体化程度

现状的原因。（2）构建综合全面的评价指标体系。本书选取的基础设施一体化子系统包括能源一体化、交通一体化、邮电通信一体化和环保一体化，在数据可获得性条件下基本涵盖了基础设施各个子系统；金融支持子系统包括金融支持规模、金融支持结构及金融支持效率。各个子系统又下属诸多具体指标，能够有效对基础设施与金融支持综合发展水平进行测量。（3）引入耦合协调度模型对京津冀金融支持基础设施状况进行定量考察，该模型弥补了绝对平均偏差方法的缺陷，不仅可以评测地区之间的发展差距，而且还能有效考察各地之间的发展水平高低，即地区之间发展水平越高，且相对差距越小，耦合协调度则越高，用耦合协调度作为测量一体化发展水平更具科学性和合理性。

第三章 理 论 基 础

本章着重对基础设施一体化与金融支持的相关理论基础进行介绍。第一节主要对基础设施及基础设施一体化相关理论进行梳理总结；第二节主要对金融发展相关理论进行梳理总结，包括金融结构理论、金融深化理论、金融约束理论以及现代金融发展理论等；第三节在全面总结基础设施和金融发展相关理论的基础上，重点对金融支持基础设施相关理论进行梳理，包括项目区分理论、可销售性理论及金融支持基础设施主体等相关理论。

第一节 基础设施及基础设施一体化相关理论

一、基础设施相关理论

（一）基础设施平衡增长理论

基础设施建设平衡增长理论在初期提出的时候包含三种增长理论：平衡增长大推进理论、温和的平衡增长理论和完善的平衡增长理论。虽然三种理论在侧重点、条件和方向方面有不同的地方，但是也有相同的地方，比如都认为大规模投资和全面发展基础设施非常重要，认为经济社会资本对经济发展影响巨大，大规模资本对于基础设施建设非常重要。

1. 平衡增长大推进理论

罗森斯坦罗丹提出"社会先行资本"的概念，认为社会基础设施投资应该在其他投资之前具有一定的资本积累。他指出社会先行资本（如基础设施）的关键之处在于其在工业化发展中具有重要作用，直接生产部门建立发展都要首先依靠社会先行资本，所以社会先行资本发展水平会对社会生产部门产生重要影响，其影响主要表现在社会生产部门效益和产品数量与质量提升。他指出基础设施具有不可分割性，且这一性质具有外部经济效应。不可分割性的资本供给性质主要是指基础设施供给的不可分割性，由于项目规模巨大以及项目之间的互相依存性，导致这些项目必须同时建成才能发挥最大作用。因此，项目初始投资规模巨大，并且需要相应设施辅助其形成生产能力。由于基础设施投资规模巨大，投资初期的生产过剩不可避免。基础设施为社会生产部门提供投资机会，因此基础设施发展必须领先于其他直接生产部门，社会生产部门在基础设施建设完成之后能够得以快速发展。

2. 温和的平衡增长理论

纳克斯提出了温和的平衡增长理论，其理论认为市场的广阔性和巨大规模的投资需要满足投资的同时性，投资同时性主要表现为对国民经济各个部门给予相同时间相同比例的投资，这样的投资方式对于投资扩大和经济有效增长具有一定作用。他指出在经济发展早期阶段所有部门都应该同时扩大，各部门均衡增长可以获得外部经济效益并促进资源合理配置，促进供需平衡增长，促进经济平衡增长。但需要注意的是，在避免生产能力过剩的同时要加强投资的诱导性。因为部门之间具有相互依存关系，不仅投资要同时发生，而且生产的产品也要保持平衡增长。纳克斯据此还提出了需求价格弹性和需求收入弹性是确定投资率的重要手段。

3. 完善的平衡增长理论

斯特里顿进一步完善和发展了以上两种平衡增长理论，并提出了完善的均衡增长理论。该理论强调了扩大投资规模的作用主要体现在克服供给的不可分割性和克服需求的互补性，强调了国民经济各部门均衡增长的重要性。纳克斯还提出国民经济各部门要根据不同部门的不同性质进行投资率和增长率的安排，实现不同部门按照适应自身的比例进行发展，实现国民经济各部门的平衡增长。可见，这种理论是在利用不平衡增长这种手段的情况下达到平衡增长。

（二）基础设施非平衡增长理论

平衡增长理论和非平衡增长理论是有不同的理论观点和政策主张。在基础设施发展问题上，非均衡增长理论和均衡增长理论的战略选择是完全不同的。该理论的主要代表人物赫希曼对社会间接资本和直接生产活动之间的资本形成和资源配置之间的关系进行了研究。他认为平衡增长所需的资源是发展中国家所缺少的，所以平衡增长对发展中国家没有好处。该理论认为应该注重稀缺资源，使一部分产业先发展起来进而带动其他产业发展，实现非平衡发展。赫希曼的理论认为应该向缺少的社会间接资本优先发展倾斜。赫希曼还认为在发展中国家和落后国家，平衡增长的社会间接资本和直接活动并不能达到吸引外资的作用，也不能得到额外收益，因此，社会间接资本和直接生产活动的增长保持平衡并不能产生有效影响。他提出在某些情况下，社会间接资本的缺少因为各项条件的阻碍并不能更好的发展，忽视基础设施发展不利于促进经济发展。

有效促进经济增长的手段是明确基础设施和加工工业的资本形成以及对资源进行合理配置，促进基础设施和加工工业增长进而促进经济的快速增长。乔德赫提出了交替优先增长理论，提出基础设施与加工产业交替优先增长。首先，要对基础设施部门进行清晰而明确的认识；其次，要确定社会分摊资本投资和管理的经济标准；再次，要对基础设施和生产部门之间关系有清楚认识。在经济发展最初时期，应该首先对非生产性的基础设施进行优先发展，因为基础设施资金规模较大，所以需要大量的社会分摊成本；最后，储蓄直接形成的生产性资本具有快速聚集的特点，而且产出增长率较高。等到基础设施不再有过剩能力的时候就可以到下一阶段，国民经济再次回到发展社会分摊成本上，这样交替进行发展国民经济。

二、基础设施一体化相关理论

（一）梯队理论

梯队理论认为，区域一体化发展应遵循梯队效应。主导作用体现在全方位，高能源的基础设施建设中。因此，该地区的城市从不同层面和不同侧面融为一体。主导城市不仅要解决自己的交通、通信、水、电和煤等需求，还要为本地区城市的发展提供相应的平台，这意味着他们需要投入具有地理位置优势的重大项目。

（二）超循环理论

超循环理论认为，系统自身进化的基础是系统内子系统的优先良性循环。城市之间的良性循环一方面体现在交通基础设施上，就是公路网络发展更为完整、有效和分层；另一方面体现在通信基础设施上，就是通信网的完善建设，城市之间基础设施管理实现协调发展。城市群在交通基础设施的规划上主要是各个城市一级轨道交通之间的连通，为实现整个经济圈交通基础设施一体化奠定基础，在实现各区域环路循环前提下实现经济圈的交通道路超循环。

（三）全息论

依据系统论观点，成熟稳定系统的内部关系一定是全息相关的。对于区域之间交通基础设施一体化而言，"局部与局部相互映射"则表示各城市的交通网络呈现出彼此在对方的交通网络中有相应的体现，就是说城市之间的交通线路有交叉。关于交通基础设施的资源方面，资源的共享意味着优势资源可以在城市之间进行渗透，举例来说就是：A 城市的水上交通会对 B 城市的水上交通产生一定的影响，B 城市的轨道交通会对 A 城市的轨道交通产生一定的影响，即各城市之间会互相影响彼此发展。"局部反映了整体"体现在各个城市的交通基础设施会在一定程度上反映出区域交通基础设施的特征，这也就意味着各个城市自身交通基础设施的发展将会对区域基础设施一体化产生一定的影响。

（四）协同平衡发展理论

系统协调均衡理论主要源于 20 世纪 70 年代的协同理论。自组织理论是协调平衡发展理论的核心，由系统内部的竞争和协同演化而来。系统不平衡首当其冲条件就是竞争，而协同是在系统非平衡条件下，系统和子系统之间的相互结合并放大支配系统的发展方向。基础设施系统作为区域一体化系统的子系统之一，是区域发展基础，对区域经济发展具有催化作用。我国基础设施建设和政策、法制法规存在着一定的障碍，这是长期受到行政区束缚的结果，造成基础设施重复建设、行政地区间基础设施规划建设在等级和时间上不协调等后果，基础设施资源得不到充分的利用，区域一体化系统也不能做到各子系统间的有效衔接和平衡发展。所谓基础设施间的协同，是一种联合作用，使基础设施系统内部相互协调、相互同步，从系统内部体现了其整体性和相关性。任何改进后基础设施的出现，都会打破基础设施间原有的平衡，这时协同作用开始支配系统的发展，诱使系统趋向平衡及稳定。

第二节　金融发展相关理论

金融发展相关理论研究的是金融体系（包括金融市场和金融中介）与经济发展的相互作用关系，即研究金融发展与经济增长的关系，研究如何建立有效的金融政策组合和金融体系便于最大可能地促进经济增长，以及研究金融资源合理利用的方法以促进金融与经济的可持续发展。金融发展理论虽然主要研究金融体系与经济增长之间的关系，没有直接研究金融体系与基础设施建设之间的关系。但是基础设施建设是国民经济发展的重要方面，经济发展中金融体系理论的研究，是基础设施金融支持研究的基础。金融发展理论经过几十年的演进，形成了四个代表性的理论，即 1969 年戈德史密斯的金融结构论、1973年麦金农和肖的金融深化论、20 世纪 90 年代赫尔曼等人提出的金融约束论，以及 20 世纪 90 年代以莱文为代表的现代金融发展理论。

一、金融结构理论

1969 年戈德史密斯（Goldsmith）在《金融结构与金融发展》一书中指出金融发展就是指一国金融结构的变化，而金融结构就是各种金融结构和金融工具的形式、性质及相对规模。戈德史密斯构建了包括金融相关率、金融中介比率、变异系数和金融机构发行需求收入弹性等在内的金融结构和金融发展水平基本指标体系，并通过 35 个国家 100 年的资料统计分析，研究得出金融发展与经济发展水平呈现出正相关的关系，并构建了一个研究金融发展与金融结构问题的基本框架。戈德史密斯提出的金融结构理论为传统金融发展理论奠定了良好基础，但是该理论存在的明显缺陷是未涉及金融对经济增长的作用机制。

二、金融深化理论

爱德华·肖（E. S. Shaw, 1973）和罗纳德·麦金农（R. I. Mckinnon，1973）提出的"金融深化论"和"金融抑制论"是对发展中国家金融发展问题的深入探讨，是金融发展理论的深化，标志着金融发展理论的正式形成。他们指出，发展中国家发展过程中往往存在着利率管制和通货膨胀，导致实际利率为负的状况，造成信贷资源供求矛盾突出，只有通过信贷配给进行金融资源配置，存在严重的金融抑制现象。在信贷配给中政府难免会根据自身偏好进行资源配置，严重削弱了金融体系配置资源的功能，依靠内部融资而非外部融资的资本形成模式严重阻碍了经济增长。针对发展中国家存在的金融抑制问题，他们提出只有通过实行金融自由化，取消政府对金融的干预，实现利率和汇率的市场化有效反映资本市场供求，才能使经济发展和金融市场摆脱金融抑制的困局，这即是金融深化理论的核心思想所在。由此可以看出，金融深化理论就是实行利率市场化为主的金融自由化，取消金融的各种管制、放开利率，强调了金融政策和金融体制在经济发展中的核心地位，为发展中国家推行货币金融改革和制定货币金融政策。20世纪70年代中期以来，许多发展中国家受金融深化理论的影响和启示，纷纷进行了以金融自由化为核心内容的金融改革，试图通过实践运用该理论成功步入金融发展和经济发展相互促进的良性循环之中。

麦金农和肖的理论也存在创新性与不足。他们主张应该减少政府部门对金融的干预，因为金融部门同其他经济部门一样，在市场机制作用下其能够自我达到帕累托最优状态。因此，他们的理论在金融理论中的运用，也是经济自由主义在金融理论中的代表。在理论方面的创新体现在主张取消利率限制推行金融自由化，对凯恩斯理论和新古典理论进行了批判。在实践方面的创新体现在主张发展中国家取消利率上限促进金融改革，同时在自力更生战略的指导下充分发挥国内储蓄对国内投资的积极作用，不能单纯依靠国外投资。在具有诸多创新之处时，麦金农和肖的理论也存在不足，主要体现在：他们认为利率形成的原因为资金市场上的供求状况，对利率决定的真实基础没有深刻探讨。他们的假设条件因在现实生活中不存在而过于严苛，如市场规模很大，借贷双方掌握完全而准确的信息，单个存款者或贷款者难以对利率施加影响等。这样的假设条件在完全经济的市场中才会出现，在现实中几乎不存在。因此，其主张的财政完全中性及金融完全自由化的政策只是一种理性状态。

三、金融约束理论

金融约束理论提出的背景是在发展中国家推行金融自由化之后，其金融发展与经济增长结果并没有达到预期效果，由此诸多经济学家开始反思先前理论的不足之处。在1997年发表的《金融约束：一个新的分析框架》中，赫尔曼、穆尔多克和施蒂格利茨于提出了金融约束理论。该理论认为，瓦尔拉斯均衡的市场条件是麦金农和肖提出的金融发展理论的假设前提，而在现实中，瓦尔拉斯均衡的市场条件普遍难以成立。同时，即使在瓦尔拉斯均衡的市场条件下，由于经济活动中存在着道德风险、信息不对称和代理行为等诸多问题，也难以有效配置资金资源，正因如此，适当进行政府干预变得十分重要。该理论指出，为了给民间部门特别是银行部门创造租金机会，发挥银行充分掌握企业内部信息的优势，使其具有长期经营的动力，减少信息不对称条件下导致的不完全竞争等诸多问题，金融约束的目标就必须使政府制定积极的政策措施对民间部门进行有效引导。

金融约束理论的实质是政府通过一系列政策措施使银行等部门通过"特许权价值"获得租金，这些政策主要包括宏观政策、市场准入限制及存款监管等一整套经济金融政策。一方面，通过鼓励创新和维护金融稳定措施实现对经济发展的正向引导效应；另一方面，通过"激励作用"和"租金效应"可以规避潜在的道德风险和逆向选择行为。由此可见，政府干预的重要性是金融约束论强调的重要内容，是一种通过政府推动金融深化的理论，该理论认为选择性的政府干预有助于金融发展而并非阻碍金融发展。与此同时，我们应该认识到金融约束是针对发展中国家在经济转轨过程中存在的信息不畅、金融监管不力的状态下，发挥政府在市场失灵下的作用，是发展中国家从金融压抑状态走向金融自由化过程中的一个过渡性政策，因此它并不是与金融深化完全对立的政策，相反是金融深化理论的丰富与发展。

金融约束理论在能够解决市场失灵问题或者有效管理金融业的前提下，可以让政府能通过金融约束系列政策促进金融发展，从而带动经济增长。以上是这一理论的创新之处，但是金融约束理论具有固有的缺陷，主要体现在：其一，政府干预的失灵现象在现实中比比皆是，政府对市场干预并非都是理论中所论述的产生良好的效果，往往会造成资源与市场扭曲，阻碍金融甚至是经济发展。其二，该理论的假设前提较为严苛，在现实中难以实现。首先，表现在对市场准入的限制方面。现实中如果限制市场准入，小型银行很难进入巾场，从而导致原有银行的垄断进而缺乏竞争力。缺乏有效竞争银行及金融业发展将难以为继。其次，表现在严格限制直接融资方面，但在现实中这根本做不到。世界上任何一个经济体都需要多元化的融资渠道来充足资金从而拉动经济增长。即使一地区短时期内采取了一些资本限制的措施也是为了应对一些特殊的经济社会情况，不具有长期性，与该理论的假设不符。另外，理论假设居民作为理性人不会选择单一的信贷资产投资以求规避风险，这与现实也是不符的。最后，金融约束理论实施上存在困难。主要原因在于金融约束理论的核心是对一国的利率进行限制才能促进经济发展。但是现实中作为引导资源合理配置的信号的货币资金价格的利率，只有充分发挥市场信号的作用才能顺利促进金融发展。所以金融约束理论限制利率的做法与现实自有市场规律相悖。同时，除了利率限制之外的另一重要金融约束政策为资产替代，这一政策同样会影响到金融市场的均衡发展及经济的稳定可持续发展，不具有较强的可行性。

四、现代金融发展理论

针对传统金融理论的缺陷，以金和莱文（King and Levine，1993）为代表的经济学家主张突破传统狭隘的金融自由化，全面分析金融发展与经济增长的相互关系，基于内生增长理论采用最优化方法分析金融在发展中的作用，并逐步形成了现代金融发展理论。金和莱文主要解释金融在经济增长中的功能，即在不确定的环境中便利了资源在时间和空间上的配置，该功能主要包括流动性创造、获取投资信息和配置资源、监督经理人和加强对企业的控制以及便利融资。他们指出金融发展是因，经济增长是果。资本形成和全要素生产力的增长和经济增长依赖于金融体系规模和功能的发展。从功能角度研究金融发展与经济增长的关系是现代金融发展理论最重要的贡献，其通过实证令人信服地证实了金融功能（如降低交易成本、改善信息不对称）的确对要素生产力具有显著贡献。

由此可见，维持稳定的金融体系及有效提高其运行效率是世界各国都积极探讨的问题，从而研究金融体系的稳定及效率的提高具有十分重要的意义。正如金融功能论的假设一样，金融功能优于金融机构，因为金融机构无论是在纵向的时间上还是在横向的区域上均存在组织结构及运行方式的多样性，因此对金融组织机构及与此相关的金融制度角度出发研究金融体系的稳定性及效率不具有实际指导意义。而金融体系中的金融功能则具有相对稳定性，对促进金融体系的稳定性及效率提高具有极大的促进意义。由此可以看出，兼具稳定和效率的金融体系能够充分使用并积极创造各种金融手段和工具来筹集社会闲散资源，并按照全社会效益最大化的原则对这些筹集到的资源进行再配置，以此来提高全社会的资本使用效率和投资效率，促进金融发展和经济增长。

第三节 金融支持基础设施相关理论

一、项目区分理论

项目区分理论是指根据是否有资金流入将基础设施项目划分为经营性、准经营性、非经营性项目，不同的项目采用不同的投资主体、资金来源以及运作模式。经营性基础设施项目的投资主体可以是国企、民企和外企，这主要是因为经营性基础设施项目可以获得一定的收益。投资主体在项目的决策方面是完全自主的，而且要承担相应的后果。政府在项目建设的过程中仅负责管制，例如对价格的管制，主要是对收费高速公路和桥梁的管制。准经营性基础设施项目不仅会获得一定的收益还具有一定的公益性。但是因为收益微乎其微所以不能采用市场化手段吸引到社会资本，所以该类项目的资金支持主要来自政府，这类项目主要包括地铁和生态环境的维护。非经营性基础设施项目是指完全没有收益仅仅有利于社会，因此这类项目的资金来源完全依靠政府，主要是政府财政和税收，这类项目主要包括看守所、消防等公益性投资项目。

二、可销售性理论

可销售性理论是1993年由克里斯蒂娜·达西德斯（Christine Kessides）提出，主要通过六个指标对基础设施的可销售性进行相应的评估。可销售性和对私人资本的吸引力之间有一定的关系，可销售性越高对于私人资本的吸引力就越大，对于不同类型的基础设施应该采取不同的参与方式。这六个指标分别是竞争性、排他性、规模经济、沉没成本、协调性、外部性，对这六个指标均有高、中、低的评价，以此来简要估计可销售性的高低，通过可销售性理论可以帮助政府和私人企业明确其在基础设施领域内的相应职责。市场失灵等问题的存在使得其不能完全依靠市场，市场主导情况下要借助政府的干预，政府主导的情况下也要借助市场的作用。总之，政府应该保证效率公平条件的前提下采取成本尽可能小的干预措施。

三、金融支持主体相关理论

（一）政府为主体理论

大部分基础设施都有公共产品的属性，这些基础设施和国计民生之间的关系很密切，且大部分基础设施具有自然垄断的特征，因此，政府在基础设施的投融资过程中起到的是主导作用。发达国家和发展中国家有一定的相同之处也有不同的地方，不同之处在于：发达国家政府的财政收入比较高，市场相比较而言也更加完善，政府融资渠道和方式相比发展中国家更加多样化，所以基础设施的投融资和建设运营更加依靠市场的力量。而对于我国这样的发展中国家而言，财政收入相比金融环境而言对基础设施有更强的贡献，所以政府在基础设施融资领域中占据了主导地位。即使现在的基础设施融资在逐渐引进新的融资方式和加强市场对基础设施建设的贡献，但是由于各种原因的存在，政府的主导地位仍旧不可撼动。

公共财政理论的观点是公共物品因为不具有排他性和竞争性，所以社会私人资本基本不愿意参与公共物品项目的建设。亚当·斯密的廉价政府理论表明了"建设并维持某些公共事业及设施"就是政府的天然职能，其后凯恩斯的政府干预论则进一步扩展了政府投资活动的范围。从财政职能的角度来看，通过财政支出工具提供经济社会所需要的基础设施同样是发挥财政职能的基本要求。马斯格雷夫在《公共财政理论》这本书中把财政的职能定义为三种，即稳定经济、收入分配和资源的再配置。稳定经济主要包含充分就业、物价稳定和国际收支平衡。投资庞大而建设周期持续数年的基础设施建设项目无疑会创造出众多的就业机会，而低廉的基础设施产品、服务价格不仅可以降低生产企业的成本，也常常是物价指数的重要构成。对收入实现公平分配是目标，在所得税作为主体税种的西方，通过财政收入提供免费或低价的教育、医疗服务，同样可以视为促进社会公平的一种实现方式。基础设施建设与资源配置职能的联系则更加紧密，有效合理配置资源的重要内容就是对投资规模和结构进行合理的安排使得社会投资更加有效。

（二）市场为主体理论

产权理论认为由于产权结构会对个人和组织结构的效率具有激励和约束作用。共有产权和私有产权的生产效率的角度去看基础设施效率低下的原因主要是共有产权的效率比较低下。共有产权效率低下的根本原因主要是公共产权制度的内在缺陷，因此对公共部门的产权结构进行新的构造，采用"大规模"私有化提高生产效率是解决效率低下的重要途径。竞争理论也认为公共部门的效率低下，需要进行私有化改造，但他们的理论根据与产权学派有很大的差别。竞争理论认为公共事业部门效率低的原因是垄断势力的快速生长。许多国家城市基础设施的市场结构中体现出了企业具有国家特许的垄断经营性质，这样的企业会垄断信息的获得，限制其他人从市场上获得真实需要的信息，这就导致努力程度决定不了企业效率。而在公平竞争的环境中，信息的充分程度会对效率产生影响，而信息的充分程度取决于竞争是否充分。对于城市基础设施部门来说，只要存在垄断势力，就会给市场带来损害。因此，打破垄断引入竞争，有利于改善基础设施部门的效率。在基础设施建设运营维护过程中，引入市场化融资方式，就是改变基础设施的市场结构，通过对传统政府下属的基础设施部门的织形式和结构进行重组，形成一个可进入的、有效竞争的基础设施建设运营的市场形态，是提高基础设施建设运营效率的关键因素。

（三）政府和市场相结合理论

委托代理理论最早出现的目的是用于处理企业内信息不对称现象和激励问题。过去传统公共产品模式中的基础设施和社会公共服务属于公共共同所有，政府不只是代替民众行使权利的代表，但是由于政府和民众之间的信息不对等和内部管理不严谨等问题使得公共产品的使用中委托代理现象突出，影响了基础设施和公共服务发挥出真正的功效。新型的公私合作模式改变过去的投资主体单一的问题，最大限度地限制政府干预从而解决之前存在的问题，提升运行管理的公开度和透明度且提升其运行效率。投资主体多元化对于内部管理的相互制衡和相互激励也有一定的积极影响，公私合营新模式的产生对于公共产品建设资金运行具有积极有效影响，对于提升资金运用效率也十分有效。

第四章　京津冀基础设施发展水平
及一体化程度评估

　　本章第一节基于指标选取的综合性、重要性及数据可获得性原则下构建基础设施综合评价指标体系，构建基础设施发展水平指数模型和一体化指数模型；第二节定量分析京津冀13市总体和各市基础设施综合发展水平，能源、交通、邮电通信和环境四种基础设施分类发展水平；第三节基于京津冀基础设施一体化指数模型对2006～2018年京津冀13市基础设施一体化程度进行评估，定量测度2006年以来京津冀13市之前基础设施一体化发展状况，为政府后续政策的实施及制定提供理论和实证参考；第四节为小结。

第一节　基础设施评价指标体系与指数模型

一、基础设施评价指标体系及指标解释

（一）基础设施评价指标体系

　　基础设施为综合性指标，为了尽可能客观地反映基础设施发展情况，必须遵循下级指标选取的综合性、全面性和重要性的原则，在数据可获得性原则下选取尽可能多的指标对基础设施进行有效评价。据此，根据基础设施的内涵，将基础设施涵盖的四个子系统设为二级指标，四个子系统下属指标设为三级指标。二级指标包括能源、交通、邮电通信和环境4个分类指标；三级指标共12个单指标，前11个指标的指标属性均为正指标，即指标取值越大越好，最后1个指标的指标属性为逆指标，即指标取值越小越好（见表4-1）。

表 4 – 1　　　　　　　　　　　基础设施一体化指标体系

综合指标	分类指标	单指标	指标解释	指标属性
基础设施综合指标 X	能源 X_1	1. 供水量 x_1	市辖区居民生活用水量/市辖区年末总人口	正指标
		2. 供气量 x_2	(市辖区人工煤气供气总量 + 市辖区液化石油气供气总量)/市辖区年末总人口	正指标
		3. 供电量 x_3	市辖区城乡居民生活用电量/市辖区年末总人口	正指标
	交通 X_2	4. 道路面积 x_4	实有道路面积/年底总人口数	正指标
		5. 公共汽车 x_5	每万人拥有实有公共汽电车营运车辆数	正指标
		6. 出租车 x_6	每万人拥有出租车辆数	正指标
	邮电通信 X_3	7. 互联网宽带 x_7	每万人互联网宽带用户数量	正指标
		8. 电话用户 x_8	(固定电话用户数 + 移动电话用户数)/年底总人口数	正指标
		9. 邮电收入 x_9	(邮政业务收入 + 电信业务收入)/年底总人口数	正指标
	环保 X_4	10. 绿化率 x_{10}	建成区绿化覆盖率	正指标
		11. 绿地面积 x_{11}	每万人市区公园绿地面积	正指标
		12. 节能减排 x_{12}	单位 GDP 烟尘废气排放量	逆指标

（二）基础设施指标解释

基础设施指标体系选取了京津冀 13 市的 4 个二级指标和 12 个三级指标，时间段为 2006～2018 年，共计 13 个城市 13 年基础设施相关指标的数据，相关指标数据来源于相关年份京津冀各城市统计年鉴和《中国城市统计年鉴》。

第一，能源基础设施。能源基础设施是衡量城市基础设施的重要指标，选取的三级指标有 3 个：供水量为市辖区居民生活用水量与市辖区年末总人口比值，是反映能源基础设施的第一类重要指标；供气量是反映能源基础设施的另一重要指标，为市辖区人工煤气供气总量加上市辖区液化石油气供气总量之和与市辖区年末总人口比重；供电量是能源基础设施水、气和电三类指标的第三类重要指标，为市辖区城乡居民生活用电量与市辖区年末总人口的比值。以上三个指标有效反映了能源基础设施的水、气和电三类基本能源的供应情况，在数据可获得性基础上保障了指标数据选取的重要性和全面性。

第二，交通基础设施。交通基础设施是京津冀一体化发展的核心内容，交通基础设施的发展能够为京津冀城市间资本流动提供源动力，是基础设施一体化的基础。本书选取的交通基础设施三级指标有 3 个：道路面积为城市人均拥有的实有道路面积，反映城市居民通行的道路基础设施状况；公共汽车为平均每万人所拥有的实有公共汽电车营运车辆数，反映地区公共交通车辆营运水平；出租车是城市公共交通的重要组成部分，出租车的运营情况同样也是城市交通基础设施的重要体现，每万人拥有出租车辆数与前两个指标一样，共同反映城市交通基础设施水平。

第三，邮电通信基础设施。邮电通信基础设施是城市得以正常运营的重要条件，邮电通信基础设施发展水平也是城市基础设施发展水平的重要体现。本书选取的三级指标有 3 个：互联网宽带是反映邮电通信基础设施的重要指标，标志着网络通信的现代化发展水平；每万人电话用户数 = $\dfrac{\text{固定电话用户数}+\text{移动电话用户数}}{\text{年底总人口数}}$，反映城市居民的基本通信水平；人均邮电业务收入 = $\dfrac{\text{邮政业务收入}+\text{电信业务收入}}{\text{年底总人口数}}$，反映城市居民邮电通信发展程度。这 3 个指标共同反映邮电通信基础设施发展水平。

第四，环保基础设施。环境优化是新时期城市基础设施发展水平的新要求，是传统城镇化向新型城镇化转型的重要体现，是在以往注重经济发展而轻环境保护的传统发展中得出的经验。本书选取的三级指标有 3 个：城市建成区绿化覆盖率、每万人城市公园绿地面积和单位 GDP 烟尘废气排放量。这 3 个指标较为典型地反映了城市环保基础设施优化的状况。

二、京津冀基础设施发展水平指数模型构建

传统综合指数一般采用多个指标进行加权合成指数，由于不同指标之间具有不同的量纲，因此需要对各个指标进行标准化处理。标准化处理一般采用离差标准化方法将各个指标原始数据标准化到［0，1］区间。这种方法适合对某一个地区考察期纵向变化情况的考察，对于多个地区之间的横向比较意义不

大，因为如果各个地区在考察期均呈现出上升趋势的话，那么综合指数无法进行地区之间的横向对比。在对不同城市之间的基础设施水平进行横向对比时，还要对同一地区不同年份之间的数据进行纵向对比，鉴于当前综合指数模型构建的缺陷，本书对传统综合指数模型进行了改进，构建了适合本书的基础设施发展水平单指标指数模型、分类指数模型和综合指数模型。

1. 传统综合指数及标准化数据缺陷

假设 x_{it}^j 为 j 城市第 i 个指标第 t 年的数据，j_{1-13} 分别是 1 北京（bj）、2 天津（tj）、3 石家庄（sjz）、4 唐山（ts）、5 秦皇岛（qhd）、6 邯郸（hd）、7 邢台（xt）、8 保定（bd）、9 张家口（zjk）、10 承德（cd）、11 沧州（cz）、12 廊坊（lf）、13 衡水（hs）。i 为基础设施下属的 12 个三级指标，具体见表 4-1。t 为考察期 2006~2018 年，分别用 t_1，t_2，…，t_{13} 表示。

本书采用综合指数方法对不同指标进行加权合成，基础设施综合指数 X_t^j 的计算公式为：

$$X_t^j = a_1 x_{1t}^{j'} + a_2 x_{2t}^{j'} + \cdots + a_i x_{it}^{j'} \tag{4-1}$$

其中，$j = 1$，2，…，13；$i = 1$，2，…，12；$t = 1$，2，…，13；X_t^j 为第 j 个城市第 t 年基础设施综合指数。由于综合指数涉及不同量纲指标数据之间的合成，因此，需要对不同指标的原始数据进行标准化处理：$x_{1t}^{j'}$，…，$x_{it}^{j'}$ 分别为第 j 个城市各个指标标准化值，a_1，a_2，…，a_i 分别为基础设施下属具体指标被赋予的权重，i 为基础设施下属指标数量，共计 12 个指标。j 为考察的城市数量，共计 13 个城市。t 为考察的时间段，2006~2018 年共计 13 年。本书采用离差标准化方法对原始数据进行标准化：

$$x_{it}^{j'} = \frac{x_{it}^j - \min(x_{it}^j)}{\max(x_{it}^j) - \min(x_{it}^j)}，\text{当} x_i \text{为正指标} \tag{4-2}$$

$$x_{it}^{j'} = \frac{\max(x_{it}^j) - x_{it}^j}{\max(x_{it}^j) - \min(x_{it}^j)}，\text{当} x_i \text{为逆指标} \tag{4-3}$$

$x_{it}^{j'} \in [0, 1]$，当原始数据最小时标准化数值取 0，原始数据越大标准化数值越接近 1，当原始数据最大时标准化数值取 1。以往文献在对第 i 个指标原始数据标准化的过程中，x_{it}^j 考察该地区该指标在考察期间的变动情况。以北京 2006 年和 2018 年每万人互联网宽带接入户数来看，其标准化的公式如下：

$$x_{i_7t_1}^{j_1} = \frac{x_{i_7t_1}^{j_1} - \min(x_{i_7t_{1-13}}^{j_1})}{\max(x_{i_7t_{1-13}}^{j_1}) - \min(x_{i_7t_{1-13}}^{j_1})} \qquad (4-4)$$

$$x_{i_7t_{13}}^{j_1} = \frac{x_{i_1t_{19}}^{j_1} - \min(x_{i_1t_{1-13}}^{j_1})}{\max(x_{i_7t_{1-13}}^{j_1}) - \min(x_{i_7t_{1-13}}^{j_1})} \qquad (4-5)$$

其中，$x_{i_7t_1}^{j_1}$ 和 $x_{i_7t_{13}}^{j_1}$ 表示北京 2006 年和 2018 年基础设施第 7 个指标（互联网宽带）准化值（$x_{i_7t_1}^{j_1}$ 和 $x_{i_7t_{13}}^{j_1}$ 表示 2006 年和 2018 年每万人互联网宽带用户数的原始数据）；$\max(x_{i_7t_{1-13}}^{j_1})$ 表示北京该指标 2006~2018 年的最大值，$\min(x_{i_7t_{1-13}}^{j_1})$ 表示北京该指标 2000~2018 年的最小值。由于 2000~2018 年每万人互联网宽带用户数从 2077 户/万人增长到 2948 户/万人，处于持续上升趋势，所以 $x_{i_1t_1}^{j_1} = 0$，$x_{1i_1t_{19}}^{j'} = 1$。

以邯郸 2006 年和 2018 年每万人互联网宽带用户数指标来看，其标准化的公式如下：

$$x_{i_7t_1}^{j_6} = \frac{x_{i_7t_1}^{j_6} - \min(x_{i_7t_{1-13}}^{j_6})}{\max(x_{i_1t_{1-13}}^{j_1}) - \min(x_{i_1t_{1-13}}^{j_1})} \qquad (4-6)$$

$$x_{i_1t_{13}}^{j_6} = \frac{x_{i_1t_{13}}^{j_6} - \min(x_{i_1t_{1-13}}^{j_6})}{\max(x_{i_1t_{1-13}}^{j_6}) - \min(x_{i_1t_{1-13}}^{j_6})} \qquad (4-7)$$

由于 2000~2018 年邯郸每万人互联网宽带接入户数从 196 户/万人上升到 1824 万户/万人，同样处于持续上升趋势，所以 $x_{i_7t_1}^{j_6} = 0$，$x_{i_7t_{13}}^{j_6} = 1$。

从北京和邯郸纵向标准化数值我们可以发现，以往文献中标准化原始数据方法较好地反映了单个地区指标数据时间上的纵向对比关系，北京和邯郸都在 2018 年达到了最大化标准值。但是缺陷是没能反映出该地区与其他地区的横向对比关系，如北京 2018 年每万人互联网宽带接入户数比邯郸高出了 1124 户/万人，但是标准化数据都取 1，不能有效反映出地区之间的横向对比关系。

2. 京津冀基础设施发展水平指数模型改进

针对以往文献标准化数据的缺陷，本书将综合考察纵向对比和横向对比，计算公式如下：

$$x_{it_{vertical}}^{j'} = \frac{x_{it}^{j} - \min(x_{it_{1-13}}^{j})}{\max(x_{it_{1-13}}^{j}) - \min(x_{it_{1-13}}^{j})} \qquad 纵向标准化 \qquad (4-8)$$

$$x_{it}^{j_{level}} = \frac{x_{it}^{j} - \min(x_{it}^{j_{1-13}})}{\max(x_{it}^{j_{1-13}}) - \min(x_{it}^{j_{1-13}})} \qquad 横向标准化 \qquad (4-9)$$

其中，$x^{j}_{it_{vertical}}$ 为 j 城市 i 指标第 t 年的纵向标准化数据，x^{j}_{it} 为 j 城市 i 指标第 t 年的原始数据，$\min(x^{j}_{it_{1-13}})$ 和 $\max(x^{j}_{it_{1-13}})$ 为 j 城市 i 指标 2006～2018 年的最小值和最大值，是 j 城市 i 指标第 t 年数据通过与该城市考察期年份数据比较的标准化数据；x^{jlevel}_{it} 为 j 城市 i 指标第 t 年的横向标准化数据，x^{j}_{it} 为 j 城市 i 指标第 t 年的原始数据，$\min(x^{j_{1-13}}_{it})$ 和 $\max(x^{j_{1-13}}_{it})$ 为 i 指标第 t 年城市 1～13 中的最小值和最大值，是 i 指标第 t 年数据通过与京津冀所有城市进行比较的标准化数据。

在综合考察纵向标准化和横向标准化之后，此时 i 指标的纵横标准化合成单指标指数公式如下：

$$x^{jlevel}_{it_{vertical}} = \frac{1}{2}x^{j}_{it_{vertical}} + \frac{1}{2}x^{jlevel}_{it} = \frac{x^{j}_{it} - \min(x^{j}_{it_{1-13}})}{\max(x^{j}_{it_{1-13}}) - \min(x^{j}_{it_{1-13}})}$$
$$+ \frac{x^{j}_{it} - \min(x^{j_{1-13}}_{it})}{\max(x^{j_{1-13}}_{it}) - \min(x^{j_{1-13}}_{it})} \qquad (4-10)$$

在考察基础设施单指标指数基础上，我们还需考察能源、交通、邮电通信和资源环境四种基础设施分类指数：

$$X^{jlevel}_{i_{m-n}t_{vertical}} = a_m x^{jlevel}_{mt_{vertical}} + \cdots + a_n x^{jlevel}_{nt_{vertical}} \qquad (4-11)$$

其中，$j = 1, 2, \cdots, 13$；$m-n$ 为各分类城镇化下属指标；$t = 1, 2, \cdots, 13$；$X^{jlevel}_{i_{m-n}t_{vertical}}$ 为纵向和横向合成的基础设施发展水平分类指数，$x^{jlevel}_{mt_{vertical}}$，$\cdots$，$x^{jlevel}_{nt_{vertical}}$ 分别为指标 m，$\cdots$，n 的纵向和横向标准化加权合成单指标指数；a_m，$\cdots$，a_n 为各个指标在该分类指数中的权重，$a_m + \cdots + a_n = 1$，根据客观赋权法中的熵值法赋予各指标权重（见表 4-5）。其中，能源基础设施指数下属 3 个指标，指标 $m-n$ 为第 1～3 个指标；交通基础设施下属 3 个指标，指标 $m-n$ 为第 4～6 个指标；邮电通信基础设施下属 3 个指标，指标 $m-n$ 为第 7～9 个指标；环保基础设施下属 3 个指标，指标 $m-n$ 为第 10～12 个指标。

在单指标指数和分类指数模型构建基础上，通过对所有指标加权计算得到基础设施发展水平综合指数：

$$X^{jlevel}_{t_{vertical}} = a_1 x^{jlevel}_{1t_{vertical}} + a_2 x^{jlevel}_{2t_{vertical}} + \cdots + a_{12} x^{jlevel}_{12t_{vertical}} \qquad (4-12)$$

其中，$j = 1, 2, \cdots, 13$；$i = 1, 2, \cdots, 12$；$t = 1, 2, \cdots, 13$；$X^{jlevel}_{t_{vertical}}$ 为纵横标准化合成的基础设施发展水平综合指数；$x^{jlevel}_{1t_{vertical}}$，$x^{jlevel}_{2t_{vertical}}$，$\cdots$，$x^{jlevel}_{13t_{vertical}}$ 分别为指标 1，指标 2，$\cdots$，指标 12 的纵横标准化指数。a_1，a_2，$\cdots$，a_{12} 为各个指标

在基础设施综合指数中的权重，权重之和为1，本书根据客观赋权法中的熵值法赋予各指标权重（见表4-4）。

3. 京津冀基础设施发展水平评价标准

假定基础设施指数（Infrastructure Index，II）分为综合指数、分类指数和单指标指数，将指数取值范围划分为5个不同的等级：当$0.8 \leq II \leq 1$时，基础设施为高度发展水平，发展等级为第Ⅵ级；当$0.6 \leq II < 0.8$时，基础设施为较高发展水平，发展等级为第Ⅴ级；当$0.5 \leq II < 0.6$时，基础设施为中高发展水平，发展等级为第Ⅳ级；当$0.4 \leq II < 0.5$时，基础设施为中低发展水平，发展等级为第Ⅲ级；$0.2 \leq II < 0.4$时，基础设施为较低发展水平，发展等级为第Ⅱ级；$0 \leq II < 0.2$时，基础设施为低度发展水平，发展等级为第Ⅰ级（见表4-2）。

表4-2　　　　　　　　　　　基础设施发展水平指数评价标准

取值范围	发展水平	发展等级
$0.8 \leq II \leq 1$	高度发展水平	Ⅵ
$0.6 \leq II < 0.8$	较高发展水平	Ⅴ
$0.5 \leq II < 0.6$	中高发展水平	Ⅳ
$0.4 \leq II < 0.5$	中低发展水平	Ⅲ
$0.2 \leq II < 0.4$	较低发展水平	Ⅱ
$0 \leq II < 0.2$	低度发展水平	Ⅰ

三、京津冀基础设施一体化指数模型构建

（一）耦合协调度模型

目前，学术界普遍采用绝对平均偏差模型来测度区域一体化，绝对平均偏差

$D = \dfrac{\sum_{j=1}^{n} |x_j - \bar{x}|}{n}$ 表示 n 个地区间 x 指标的一体化程度，式中 x_j 为 j 地区 x 指标值，

$\bar{x}$ 为 n 个地区 x 指标均值，D 表示各个地区与均值的偏差均值，D 越小表示一体化程度越高。绝对平均偏差虽然可以较好的衡量各个地区与各地区均值的偏差程

度，但是无法衡量出各地区的发展程度，也就是说各地区发展程度都较高时或者都较低时可能获得一样的 D 值，只要地区间发展差距不大就能评价出较高的一体化程度。显然，绝对平均偏差具有很大的局限性，因为各地区在发展程度高时和发展程度低时的一体化，显然具有不同的意义。

本书借鉴耦合协调度模型在评价系统间协调发展状况方面的优势，将其引入研究京津冀 13 市间的金融支持一体化程度。耦合协调度在评价地区间一体化程度时，不仅能考察地区间相互作用程度的强弱，而且也能反映各地区的发展水平高低情况。耦合协调度的计算方法是通过计算距离协调度的统计指标，通过测量系统间的距离大小来判断系统之间的协调状况，利用相对离差系数来判断系统的协调性，相对离差系数越小说明系统之间的协调性越好。设度量多个系统发展水平的函数分别为：u_1，u_2，$\cdots$，u_n，则这 n 个系统的耦合度函数为：

$$C_n = \sqrt[n]{\frac{U_1 \times U_2 \times \cdots \times U_n}{\left(\dfrac{U_1 + U_1 + \cdots + U_n}{n}\right)^n}} \qquad (4-13)$$

由于均值不等式：$U_1 + U_2 + \cdots + U_n \geq U_1 \times U_2 \times \cdots \times U_n$，当且仅当 $U_1 = U_2 = \cdots = U_n$ 时，均值不等式中的等号成立。由该均值不等式可知，耦合度 C_n 的取值范围为 $[0, 1]$，当且仅当 $U_1 = U_2 = \cdots = U_n$ 时，式 1 取最大值 1。

耦合度对判别多个系统间耦合作用的强度等具有重要意义，然而它在某些情况下却难以反映系统间整体功能的大小，尤其是在进行时空比较的情况下，难以反映系统间的协同效应，即只能说明相互作用程度的强弱，无法反映协调发展程度的高低，因为每个地区的系统间都具有不平衡且动态性的特征。比如系统间耦合度较高也可能在系统间各自发展水平都较低时获得，而此时的高耦合度与系统各自发展水平都较高时具有完全不一样的内涵。因此，在充分借鉴现有研究成果基础上，需要构建一个客观反映系统间协调发展程度的耦合协调度模型，以评价不同城市不同年份系统间交互耦合的协调程度，耦合协调度可以更好地体现系统之间的协调状况，耦合协调度公式如下：

$$D_n = \sqrt{C_n \times T_n} \qquad (4-14)$$

其中，C_n 为 n 个系统间的耦合度；T_n 为 n 个系统的综合评价得分；$T_n = \alpha_1 U_1 + \alpha_2 U_2 + \cdots + \alpha_n U_n$，$\alpha_1$，$\alpha_2$，$\cdots$，$\alpha_n$ 为待定系数，为各系统在综合评价得分中所占的权重，其中 $\alpha_n \in 0$，1，$\alpha_1 + \alpha_2 + \cdots + \alpha_n = 1$，$D_n \in [0, 1]$。

2. 基于耦合协调度模型的京津冀基础设施一体化指数模型

根据耦合协调度模型衡量多个系统之间协调发展程度的原理，本书将京津冀 13 市视为 13 个不同的系统，构建京津冀 13 市基础设施一体化指数模型。假设 x_{it}^{j} 表示基础设施城市 j 第 i 个指标第 t 年标准化数据，j 分别为北京（bj）、天津（tj）、石家庄（sjz）、唐山（ts）、秦皇岛（qhd）、邯郸（hd）、邢台（xt）、保定（bd）、张家口（zjk）、承德（cd）、沧州（cz）、廊坊（lf）和衡水（hs）13 个市，对于第 i 个指标第 t 年来说，13 市之间基础设施耦合度模型如下：

$$IC_{it}^{13s} = \sqrt[13]{\frac{x_{it}^{bj'} \times x_{it}^{tj'} \times x_{it}^{sjz'} \times x_{it}^{ts'} \times x_{it}^{dhd'} \times x_{it}^{hd'} \times x_{it}^{xt'} \times x_{it}^{bd'} \times x_{it}^{zjk'} \times x_{it}^{cd'} \times x_{it}^{cz'} \times x_{it}^{lf'} \times x_{it}^{hs'}}{\left(\dfrac{x_{it}^{bj'} + x_{it}^{tj'} + x_{it}^{sjz'} + x_{it}^{ts'} + x_{it}^{dhd'} + x_{it}^{hd'} + x_{it}^{xt'} + x_{it}^{bd'} + x_{it}^{zjk'} + x_{it}^{cd'} + x_{it}^{cz'} + x_{it}^{lf'} + x_{it}^{hs'}}{13}\right)^{13}}}$$

$$(4-15)$$

其中，IC_{it}^{13s} 则为京津冀 13 市基础设施之间的耦合度；$x_{it}^{bj'}$，$x_{it}^{tj'}$，$\cdots$，$x_{it}^{hs'}$ 分别为京津冀 13 市第 i 个指标第 t 年的纵横标准化合成指数。根据多系统之间的耦合协调度公式［见式（4-13）］，对于第 i 个指标第 t 年来说，构建 13 市的耦合协调度模型如下：

$$ID_{it}^{13s} = \sqrt{IC_{it}^{13s} \times IT_{it}^{13s}} \qquad (4-16)$$

其中，ID_{it}^{13s} 为京津冀 13 市的耦合协调度；$IT_{it}^{13s} = \beta_1 x_{it}^{bj'} + \beta_2 x_{it}^{tj'} + \cdots + \beta_{13} x_{it}^{hs'}$，$\beta_1$，$\beta_2$，$\cdots$，$\beta_3$ 为京津冀 13 市在综合指数测算中的权重占比。借鉴相关文献采用绝对平均偏差方法及份额方法测度区域一体化程度的研究以避免不同地区权重不同而产生偏误（陈红霞、席强敏，2016；曹小衡、李月和徐永慧，2017），京津冀 13 市权重采取等权重加权方法，$\beta_1 = \beta_2 = \beta_3 = \dfrac{1}{13}$。

以上计算得出了每个指标 i 的耦合协调度，京津冀 13 市基础设施一体化测量共选取了 12 个指标，则这 12 个指标在第 t 年的耦合协调度指数模型如下：

$$ID_{t}^{13s} = \gamma_1 ID_{1t}^{13s} + \gamma_2 ID_{2t}^{13s} + \cdots + \gamma_n ID_{nt}^{13s} \qquad (4-17)$$

其中，ID_{t}^{13s} 为京津冀 13 市基础设施 n 个指标第 t 年耦合协调度加权求和得到的综合耦合协调度指数，用来测量京津冀 13 市之间基础设施一体化程度的综合发展情况；ID_{1t}^{13s} 为京津冀 13 市基础设施第 1 个指标的耦合协调度；ID_{2t}^{13s} 为京津冀 13 市基础设施第 2 个指标的耦合协调度；ID_{nt}^{13s} 为京津冀 13 市基础设施第 n 个指标的耦合协调度。γ_1、γ_2 和 γ_n 为每个指标在测算综合耦合协调度指数时所占的权重，为了保证指标权重赋予的客观性，本书采用熵值赋权法对 12 个指标进行赋权（见表 4 - 4），$\gamma_n \in [0, 1]$，$\gamma_1 + \gamma_2 + \cdots + \gamma_n = 1$。

3. 京津冀基础设施一体化单指标指数、分类指数及综合指数

采用耦合协调度来衡量京津冀基础设施一体化指数（Infrastructure Integration Index，III），基础设施一体化指数分为一体化单指标指数（即各个单指标的一体化指数）；一体化分类指数（即分类指标下属的所有单指标加权求和的一体化指数）；一体化综合指数（即所有单指标加权求和的一体化指数）。以下分别介绍一体化单指标指数、一体化分类指数和一体化综合指数。

（1）京津冀 13 市基础设施一体化单指标指数：

$$\text{III}_{it}^{13s} = \text{ID}_{it}^{13s} \tag{4-18}$$

（2）京津冀 13 市基础设施一体化分类指数：假设某分类指标下属 $m - n$ 个指标，则京津冀 13 市一体化分类指数为：

$$\text{III}_{i_{m-n}t}^{13s} = \gamma_1 \text{ID}_{i_m t}^{13s} + \cdots + \gamma_n \text{ID}_{i_n t}^{13s} \tag{4-19}$$

其中，$\text{ID}_{i_m t}^{13s}$，$\cdots$，$\text{ID}_{i_n t}^{13s}$ 为该分类指标下属的每个单指标的一体化指数，γ_m，$\cdots$，γ_n 是每个基础设施一体化单指标指数在加权求和一体化分类指数时的权重，每个指标权重根据熵权法赋权，$\gamma_n \in [0, 1]$，$\gamma_m + \cdots + \gamma_n = 1$。

4. 京津冀 13 市基础设施一体化综合指数

京津冀基础设施下属 12 个单指标，则一体化综合指数为：

$$\text{III}_{i_{1-12}t}^{13s} = \gamma_1 D_{1t}^{13s} + \gamma_2 D_{2t}^{13s} + \cdots + \gamma_{12} D_{12t}^{13s} \tag{4-20}$$

其中，D_{1t}^{13s}，D_{2t}^{13s}，$\cdots$，D_{12t}^{13s} 为基础设施综合指标下属的每个单指标一体化指数；γ_1，γ_2，$\cdots$，γ_n 每个单指标一体化指数在加权求和综合一体化指数时的权重，每个指标权重根据熵权法赋权，$\gamma_n \in [0, 1]$，$\gamma_1 + \gamma_2 + \cdots + \gamma_n = 1$。

5. 京津冀基础设施一体化程度评价标准

京津冀基础设施一体化程度可以根据一体化指数取值范围划分为六类（见表 4 - 3），当 $0.8 \leqslant \text{III} \leqslant 1$ 时，高度一体化；$0.6 \leqslant \text{III} < 0.8$ 时，比较一体化；当 $0.5 \leqslant \text{III} < 0.6$ 时，基本一体化，以上三种类型均为一体化状态。当 $0.4 \leqslant \text{III} < 0.5$ 时，不太一体化；当 $0.2 \leqslant \text{III} < 0.4$ 时，未一体化；当 $0 \leqslant \text{III} < 0.2$ 时，极不一体化，以上三种类型均处于非一体化状态。

表4-3   京津冀13市一体化程度评价标准

一体化指数取值范围	一体化状态	一体化等级	一体化程度
$0.8 \leqslant III \leqslant 1$		VI	高度一体化
$0.6 \leqslant III < 0.8$	一体化	V	较高一体化
$0.5 \leqslant III < 0.6$		IV	中高一体化
$0.4 \leqslant III < 0.5$		III	中低一体化
$0.2 \leqslant III < 0.4$	非一体化	II	较低一体化
$0 \leqslant III < 0.2$		I	低度一体化

四、基于熵值赋权法的基础设施指标权重

在采用综合指数对基础设施进行评价中，赋予各指标权重极其重要，客观科学地赋予权重关系到评价结果的真实可靠。主观赋权法和客观赋权法是赋予权重的两种基本方法。主观赋权法是基于专家学者经验及专业知识基础之上的定性分析方法，主观性较强。而客观赋权法则根据原始数据采用一定的计量方法赋予各指标权重，不掺杂评价者的主观因素。客观赋权法中一种较为重要且常用的方法是熵值赋权法，熵值赋权法通过分析各指标横向与纵向信息量及各指标之间的关联性对指标进行赋权，克服了主观赋权法对多指标进行赋权时的主观性，本书选取客观评价法中的熵值赋权法赋予指标权重。

根据熵值法的计算方法，计算得出京津冀13市基础设施发展水平综合指数的权重，综合指数下属12个指标，每个指标2006～2018年权重如表4-4所示，12个指标各年的权重之和为1。

表4-4   2006～2018年基础设施综合指数各指标权重

指标	2006年	2007年	2008年	2009年	2010年	2011年	2012年
供水量 x_1	0.08	0.07	0.07	0.08	0.06	0.08	0.07
供气量 x_2	0.11	0.10	0.12	0.14	0.15	0.14	0.15
供电量 x_3	0.08	0.09	0.09	0.10	0.11	0.13	0.12

续表

指标	2006 年	2007 年	2008 年	2009 年	2010 年	2011 年	2012 年
道路面积 x_4	0.09	0.08	0.08	0.08	0.07	0.07	0.06
公共汽车 x_5	0.07	0.07	0.08	0.08	0.11	0.08	0.08
出租车 x_6	0.06	0.06	0.07	0.07	0.07	0.07	0.07
互联网宽带 x_7	0.07	0.07	0.08	0.08	0.09	0.10	0.12
电话用户 x_8	0.07	0.07	0.08	0.07	0.07	0.08	0.09
邮电收入 x_9	0.06	0.06	0.07	0.06	0.07	0.07	0.08
绿化率 x_{10}	0.06	0.06	0.07	0.06	0.07	0.07	0.07
绿地面积 x_{11}	0.13	0.09	0.10	0.15	0.09	0.10	0.12
节能减排 x_{12}	0.09	0.14	0.09	0.08	0.08	0.11	0.06

指标	2013 年	2014 年	2015 年	2016 年	2017 年	2018 年	
供水量 x_1	0.08	0.10	0.10	0.12	0.11	0.11	
供气量 x_2	0.17	0.17	0.18	0.18	0.14	0.17	
供电量 x_3	0.12	0.10	0.10	0.08	0.07	0.07	
道路面积 x_4	0.06	0.06	0.06	0.07	0.06	0.05	
公共汽车 x_5	0.08	0.07	0.06	0.06	0.07	0.07	
出租车 x_6	0.07	0.06	0.07	0.08	0.08	0.08	
互联网宽带 x_7	0.11	0.10	0.08	0.06	0.06	0.08	
电话用户 x_8	0.10	0.11	0.11	0.12	0.13	0.12	
邮电收入 x_9	0.08	0.10	0.07	0.07	0.07	0.07	
绿化率 x_{10}	0.06	0.08	0.07	0.09	0.08	0.08	
绿地面积 x_{11}	0.12	0.12	0.12	0.10	0.09	0.09	
节能减排 x_{12}	0.07	0.06	0.11	0.15	0.11	0.10	

　　京津冀 13 市基础设施包括四个分类指数，其中能源基础设施分类指数下属 x_1 ~ x_3 共计 3 个指标，3 个指标的权重之和为 1。同理，交通基础设施分类指数下属 x_4 ~ x_6 共计 3 个指标，邮电通信一体化分类指数下属 x_7 ~ x_9 共计 3 个指标，环保一体化分类指数下属 x_{10} ~ x_{12} 共计 3 个指标，各分类一体化指数下属 3 个指标的权重之和均为 1（见表 4 - 5）。

表4-5　　　　　　　　　2006~2018年基础设施分类指数各指标权重

指标	2006 年	2007 年	2008 年	2009 年	2010 年	2011 年	2012 年
供水量 x_1	0.31	0.28	0.24	0.24	0.20	0.22	0.20
供气量 x_2	0.41	0.39	0.43	0.45	0.46	0.39	0.44
供电量 x_3	0.28	0.33	0.32	0.31	0.35	0.38	0.36
道路面积 x_4	0.35	0.31	0.31	0.41	0.36	0.30	0.27
公共汽车 x_5	0.26	0.27	0.29	0.30	0.37	0.32	0.31
出租车 x_6	0.25	0.25	0.27	0.25	0.24	0.28	0.27
互联网宽带 x_7	0.34	0.35	0.36	0.38	0.39	0.40	0.41
电话用户 x_8	0.35	0.34	0.33	0.32	0.31	0.32	0.31
邮电收入 x_9	0.31	0.31	0.31	0.31	0.29	0.29	0.27
绿化率 x_{10}	0.21	0.21	0.27	0.22	0.29	0.24	0.27
绿地面积 x_{11}	0.46	0.32	0.39	0.52	0.36	0.36	0.47
节能减排 x_{12}	0.33	0.47	0.33	0.26	0.35	0.40	0.26
指标	2013 年	2014 年	2015 年	2016 年	2017 年	2018 年	
供水量 x_1	0.22	0.28	0.26	0.32	0.34	0.31	
供气量 x_2	0.45	0.46	0.48	0.47	0.44	0.48	
供电量 x_3	0.33	0.27	0.25	0.21	0.22	0.20	
道路面积 x_4	0.38	0.36	0.37	0.39	0.25	0.23	
公共汽车 x_5	0.32	0.29	0.28	0.29	0.29	0.27	
出租车 x_6	0.27	0.28	0.30	0.35	0.31	0.32	
互联网宽带 x_7	0.37	0.33	0.31	0.23	0.24	0.29	
电话用户 x_8	0.34	0.35	0.41	0.49	0.48	0.45	
邮电收入 x_9	0.28	0.33	0.27	0.28	0.27	0.26	
绿化率 x_{10}	0.24	0.30	0.24	0.26	0.28	0.30	
绿地面积 x_{11}	0.49	0.46	0.39	0.30	0.33	0.33	
节能减排 x_{12}	0.27	0.24	0.37	0.44	0.40	0.37	

第二节 京津冀13市基础设施发展水平测度

一、京津冀13市基础设施综合发展水平

从2006～2018年京津冀13市基础设施发展水平综合指数均值来看（见表4-6），综合指数均值最大的是北京（0.66），说明北京基础设施整体发展水平高于其他地区；其次是秦皇岛和天津，综合指数均值分别是0.53和0.50，整体上处于中高发展水平；考察期综合指数均值处于中低发展水平的分别是唐山（0.47）、石家庄（0.44）和廊坊（0.40）；其他6个城市综合指数均值均为0.3～0.4，考察期整体处于较低发展水平。

表4-6　　　　　　　　2006～2018年京津冀13市基础设施综合指数

地区	2006 年	2007 年	2008 年	2009 年	2010 年	2011 年	2012 年	2013 年
北京	0.63	0.55	0.56	0.62	0.63	0.58	0.61	0.63
天津	0.44	0.47	0.49	0.44	0.42	0.42	0.44	0.45
石家庄	0.20	0.23	0.28	0.38	0.38	0.44	0.39	0.41
唐山	0.42	0.48	0.52	0.52	0.54	0.49	0.48	0.50
秦皇岛	0.36	0.43	0.47	0.48	0.49	0.52	0.48	0.53
邯郸	0.17	0.20	0.23	0.30	0.39	0.38	0.38	0.37
邢台	0.13	0.23	0.26	0.34	0.37	0.29	0.30	0.30
保定	0.12	0.14	0.17	0.27	0.32	0.35	0.25	0.37
张家口	0.20	0.22	0.28	0.31	0.36	0.37	0.37	0.41
承德	0.24	0.27	0.35	0.40	0.45	0.42	0.36	0.48
沧州	0.23	0.22	0.24	0.36	0.38	0.31	0.30	0.36
廊坊	0.19	0.31	0.33	0.40	0.40	0.43	0.41	0.44
衡水	0.14	0.12	0.13	0.19	0.29	0.29	0.26	0.35

续表

地区	2014 年	2015 年	2016 年	2017 年	2018 年	均值	排名
北京	0.65	0.69	0.80	0.81	0.87	0.66	1
天津	0.48	0.53	0.59	0.65	0.73	0.50	3
石家庄	0.53	0.54	0.58	0.69	0.69	0.44	5
唐山	0.46	0.45	0.40	0.43	0.47	0.47	4
秦皇岛	0.60	0.55	0.65	0.65	0.70	0.53	2
邯郸	0.35	0.40	0.50	0.52	0.53	0.36	9
邢台	0.31	0.29	0.40	0.43	0.44	0.32	12
保定	0.37	0.50	0.51	0.48	0.57	0.34	10
张家口	0.40	0.41	0.45	0.47	0.54	0.37	7
承德	0.34	0.33	0.37	0.36	0.37	0.36	8
沧州	0.36	0.37	0.41	0.36	0.43	0.33	11
廊坊	0.45	0.36	0.53	0.42	0.51	0.40	6
衡水	0.31	0.33	0.38	0.56	0.56	0.30	13

图 4 – 1 为京津冀 13 市 2006 年和 2018 年基础设施发展水平综合指数对比图。从 2006 年基础设施发展水平综合指数可以看出，北京的综合指数在京津冀 13 市中最高，指数值为 0.63，处于较高发展水平；其次是天津和唐山，指数值为 0.4 ~ 0.5，为中低发展水平；再次是秦皇岛、承德、沧州、张家口和石家庄，指数值为 0.2 ~ 0.4，处于较低发展水平；最后是廊坊、邯郸、衡水、邢台和保定，指数值小于 0.2，为低度发展水平；从 2018 年最新基础设施发展水平综合指数来看，北京的指数值达 0.87，处于高度发展水平，远高于其他 12 市；天津、秦皇岛和石家庄次之，指数值为 0.6 ~ 0.8，为较高发展水平；保定、衡水、张家口、邯郸和廊坊指数值为 0.5 ~ 0.6，为中高发展水平；唐山、邢台和沧州指数值为 0.4 ~ 0.5，为中低发展水平；承德指数值为 0.37，基础设施综合发展水平相对最低，处于较低发展水平。

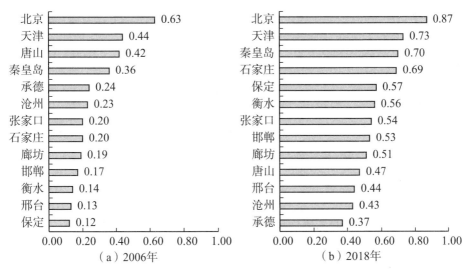

图 4 - 1　2006 年和 2018 年京津冀 13 市基础设施综合指数

　　从京津冀 13 市基础设施发展水平综合指数 2018 年较 2006 年的增加值来看（见图 4 - 2），13 市指数均不断上升，所有城市增加值均为正。其中，石家庄的综合指数增加值达到 0.49，保定和衡水增加值分别为 0.44 和 0.42，基础设施提升幅度最大；其次是邯郸、张家口、秦皇岛、廊坊和邢台，增加值为 0.3～0.4，有较大程度提升，但是与石家庄、保定和衡水 3 市的提升幅度还有一定差距；再次是天津、北京和沧州，增加值为 0.2～0.4；最后是承德和唐山，基础设施提升水平相对滞后。京津冀基础设施不平衡发展阻碍了经济社会一体化的持续推进，基础设施一体化对京津冀一体化战略实施推进具有基础性的推动作用。基础设施一体化在保障各个城市基础设施发展水平均提升的情况下，更大程度提升基础相对薄弱地区的基础设施发展水平，才能最终实现基础设施一体化。从 2006～2018 年各个城市的增加值来看，河北有 8 个城市基础设施综合指数增加值高于天津和北京，仅沧州、承德和唐山 3 市低于天津和北京，说明河北整体基础设施提升水平相对高于京津地区，河北与京津两地的发展差距在缩小，协同程度提升。同时，天津增加值高于北京，京津协同发展程度也在提升。

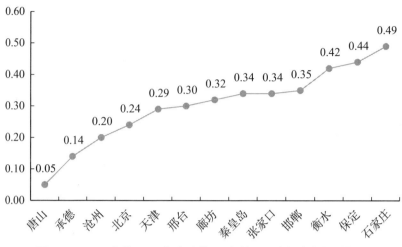

图 4 - 2　2018 年较 2006 年京津冀 13 市基础设施综合指数增加值

二、京津冀 13 市基础设施分类发展水平

（一）能源基础设施发展水平

表 4 - 7 为京津冀 13 市能源基础设施发展水平指数。从 13 市能源基础设施指数 2006 ~ 2018 年均值来看，能源指数均值最大的是北京，说明北京能源基础设施发展水平高于其他地区；其次是唐山，其能源指数均值整体上处于中高发展水平；考察期能源指数均值处于中低发展水平的分别是秦皇岛和天津；其他 10 个城市能源指数均值在考察期内整体处于较低发展水平。能源基础设施反映一个城市的供水、供气和供电发展水平，是保障城市居民生活和工业生产的基本条件。从能源基础设施发展水平来看，各个城市之间发展不均衡现象较为明显，城市之间能源供给水平差距较大。

表 4 - 7　　　　　　　2006 ~ 2018 年京津冀 13 市能源基础设施指数

地区	2006 年	2007 年	2008 年	2009 年	2010 年	2011 年	2012 年
北京	0.46	0.48	0.47	0.49	0.48	0.47	0.50
天津	0.48	0.30	0.36	0.34	0.40	0.38	0.40
石家庄	0.21	0.22	0.21	0.20	0.08	0.13	0.11

续表

地区	2006 年	2007 年	2008 年	2009 年	2010 年	2011 年	2012 年
唐山	0.66	0.76	0.76	0.74	0.70	0.58	0.52
秦皇岛	0.39	0.39	0.43	0.36	0.19	0.30	0.34
邯郸	0.27	0.15	0.17	0.18	0.26	0.26	0.22
邢台	0.25	0.40	0.50	0.46	0.42	0.28	0.26
保定	0.13	0.14	0.19	0.22	0.12	0.24	0.25
张家口	0.42	0.44	0.46	0.36	0.31	0.31	0.27
承德	0.48	0.54	0.48	0.37	0.37	0.31	0.23
沧州	0.33	0.25	0.22	0.20	0.12	0.12	0.22
廊坊	0.18	0.24	0.23	0.21	0.19	0.24	0.34
衡水	0.23	0.12	0.12	0.04	0.13	0.13	0.12
地区	2013 年	2014 年	2015 年	2016 年	2017 年	2018 年	排名
北京	0.58	0.57	0.62	0.84	0.89	0.98	1
天津	0.41	0.54	0.55	0.60	0.65	0.75	3
石家庄	0.11	0.32	0.41	0.43	0.56	0.68	4
唐山	0.50	0.42	0.34	0.31	0.35	0.36	10
秦皇岛	0.36	0.61	0.66	0.69	0.74	0.79	2
邯郸	0.27	0.24	0.26	0.36	0.52	0.62	5
邢台	0.36	0.26	0.01	0.23	0.23	0.28	12
保定	0.23	0.21	0.39	0.41	0.45	0.53	6
张家口	0.21	0.17	0.06	0.29	0.34	0.51	7
承德	0.25	0.21	0.10	0.11	0.09	0.11	13
沧州	0.22	0.24	0.21	0.21	0.25	0.42	9
廊坊	0.38	0.46	0.29	0.30	0.29	0.32	11
衡水	0.13	0.20	0.19	0.32	0.43	0.47	8

　　图 4-3 为京津冀 13 市 2006 年和 2018 年能源基础设施发展水平对比图。从 2006 年能源基础设施指数数据可以看出，唐山的能源指数在京津冀 13 市中最高，为 0.66，处于较高发展水平；其次是承德、天津、北京和张家口，指

数值为 0.4～0.5，处于中低发展水平；再次是秦皇岛、沧州、邯郸、邢台、衡水和石家庄，指数值为 0.2～0.4，处于较低发展水平；最后是廊坊和保定，指数值小于 0.2，为低度发展水平。从 2018 年最新能源基础设施指数数据来看，北京的指数值达 0.98，处于高度发展水平，远高于其他 12 市；秦皇岛、天津、石家庄和邯郸次之，指数值为 0.6～0.8，处于较高发展水平；保定和张家口的指数值为 0.5～0.6，处于中高发展水平；衡水和沧州指数值为 0.4～0.5，处于中低发展水平；廊坊和邢台分别为 0.32 和 0.28，能源基础设施发展水平较低；承德的指数值仅为 0.11，能源基础设施发展水平相对最低。

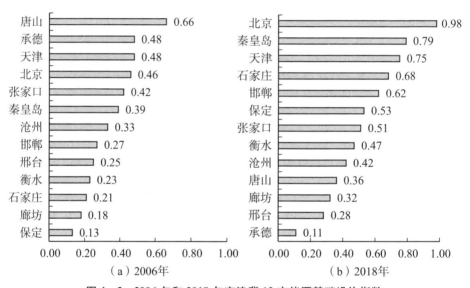

图 4 - 3　2006 年和 2018 年京津冀 13 市能源基础设施指数

从 2018 年较 2006 年京津冀 13 市能源基础设施指数增加值趋势来看（见图 4 - 4），11 市的指数均不断上升，承德和唐山的能源指数则出现了一定程度的下降。北京的能源指数 2018 年较 2006 年增加值超过 0.50，高于其他 12 市的能源指数增值。北京的能源基础设施提升幅度最大，2006 年和 2018 年能源指数分别位于第四位和第一位，排名提高了三位；增加值为 0.4～0.5 的有石家庄、秦皇岛和保定 3 个城市，指数值分别为 0.46、0.40 和 0.40。石家庄作为河北省省会城市，能源基础设施指数增加值在所有城市中排第二位；邯郸的增加值为 0.36；天津和衡水的增加值为 0.2～0.4，增加值相对较低；廊坊、张家口和沧州的增加值非常小，均小于 1；唐山和承德则相对发展滞后。

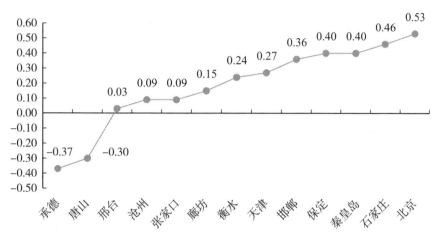

图 4－4　2018 年较 2006 年京津冀 13 市能源基础设施指数增加值

（二）交通基础设施发展水平

表 4－8 为京津冀 13 市的交通基础设施发展水平指数。从 2006～2018 年京津冀 13 市的交通基础设施发展水平指数均值来看，交通指数均值最大的是秦皇岛（0.61），基于人均城市实有道路面积、人均公交车辆及人均出租车辆综合考量的交通基础设施发展水平在考察期内的均值高于其他地区；其次是北京、天津和石家庄，交通指数均值分别为 0.58、0.56 和 0.50，整体上处于中高发展水平；考察期内交通指数均值处于中低发展水平的分别是唐山（0.42）、张家口（0.41）和邯郸（0.40）；承德、邢台、保定、沧州、廊坊和衡水 6 市的交通指数均值为 0.20～0.40，整体处于较低发展水平。

表 4－8　　　　　　　2006～2018 年京津冀 13 市交通基础设施指数

地区	2006 年	2007 年	2008 年	2009 年	2010 年	2011 年	2012 年	2013 年
北京	0.92	0.62	0.63	0.58	0.53	0.44	0.41	0.45
天津	0.69	0.59	0.60	0.44	0.32	0.40	0.45	0.55
石家庄	0.16	0.18	0.28	0.54	0.57	0.60	0.48	0.48

续表

地区	2006 年	2007 年	2008 年	2009 年	2010 年	2011 年	2012 年	2013 年
唐山	0.50	0.47	0.44	0.34	0.41	0.40	0.36	0.46
秦皇岛	0.60	0.71	0.65	0.64	0.68	0.67	0.53	0.57
邯郸	0.10	0.17	0.20	0.40	0.49	0.40	0.37	0.44
邢台	0.06	0.15	0.20	0.40	0.46	0.34	0.34	0.24
保定	0.03	0.02	0.02	0.27	0.30	0.24	0.18	0.41
张家口	0.15	0.19	0.24	0.43	0.48	0.39	0.33	0.50
承德	0.07	0.15	0.19	0.46	0.57	0.58	0.30	0.70
沧州	0.19	0.18	0.20	0.47	0.44	0.40	0.16	0.41
廊坊	0.10	0.23	0.22	0.37	0.40	0.42	0.24	0.37
衡水	0.15	0.12	0.08	0.31	0.36	0.21	0.13	0.40

地区	2014 年	2015 年	2016 年	2017 年	2018 年	均值	排名	
北京	0.44	0.42	0.63	0.74	0.79	0.58	2	
天津	0.58	0.60	0.64	0.68	0.77	0.56	3	
石家庄	0.64	0.54	0.59	0.76	0.68	0.50	4	
唐山	0.48	0.51	0.46	0.31	0.38	0.42	5	
秦皇岛	0.43	0.52	0.72	0.60	0.70	0.61	1	
邯郸	0.41	0.54	0.70	0.48	0.55	0.40	7	
邢台	0.41	0.51	0.54	0.30	0.29	0.33	9	
保定	0.43	0.65	0.59	0.33	0.50	0.31	12	
张家口	0.53	0.61	0.39	0.55	0.51	0.41	6	
承德	0.25	0.25	0.26	0.24	0.33	0.34	8	
沧州	0.41	0.40	0.53	0.11	0.19	0.31	10	
廊坊	0.41	0.12	0.62	0.18	0.33	0.31	11	
衡水	0.15	0.15	0.23	0.49	0.46	0.25	13	

图 4-5 为京津冀 13 市 2006 年和 2018 年交通基础设施发展水平指数对比图。从 2006 年交通指数可以看出，北京的交通指数在 13 市中最高，为 0.92，与其他 12 市相比较处于高度发展水平；其次是天津和秦皇岛，指数值为 0.69

和 0.60，为较高发展水平；再次是唐山，指数值达到 0.50，处于中高发展水平；剩下的 9 个城市指数值均小于 0.2，处于低度发展水平。从 2018 年最新交通指数可以看出，北京和唐山的交通基础设施指数有一定的下降趋势，其他 11 城市呈现出上升趋势，13 市之间交通协同发展发展水平上升。虽然北京有一定下降趋势，但是 2006 年和 2018 年交通指数均位于第一位；天津和秦皇岛的交通基础设施在 2006 年分别位于第二位和第三位，2018 年的排名不变，均为较高发展水平；石家庄的交通指数从 0.16 提升至 0.68，从最低发展水平提高到较高发展水平，排名从第六位提升至第四位；2018 年居于第五位的是邯郸，交通基础设施指数从 0.10 上升到 0.55，排名较 2006 年提升了 9 位，排名上升最快。

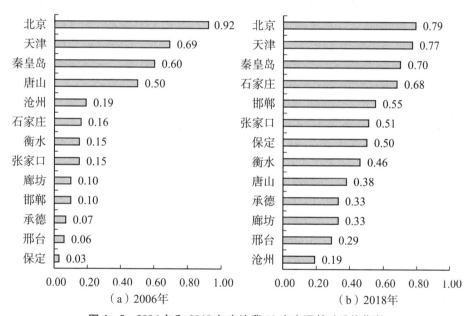

图 4-5　2006 年和 2018 年京津冀 13 市交通基础设施指数

　　从 2018 年较 2006 年京津冀 13 市的交通基础设施增加值发展趋势来看（见图 4-6），11 市的指数均不断上升，北京和唐山的交通指数则出现下降。石家庄交通指数 2006 年较 2018 年增加值超过 0.50，远高于其他 12 市交通指数增值。石家庄作为河北省省会城市，交通基础设施指数增加值在所有城市中最大；增加值为 0.4～0.5 的一共有两个城市，分别为保定（0.47）和邯郸（0.45）；张家口和衡水的增加值分别为 0.36 和 0.31；承德（0.26）、邢台（0.23）和廊坊（0.23）的增加值为 0.20～0.30；秦皇岛（0.10）、天津（0.08）和沧州（0.01）虽然有一定的增长，但是增加值非常小，均低于 0.10。呈现负增长趋势的是北京和唐山两个城市，两市在 2006 年基础设施发展水平起点均较高，2018 年和 2006 年相比，交通基础设施相对于其他城市发展水平提升较慢。由于北京的交通基础设施在起始年份发展水平较高，即使出现了一定程度的下降，2018 年其交通发展水平仍高于其他 12 个城市。由此可见，随着京津冀一体化的推进，北京、天津、唐山和秦皇岛等的基础设施一开始发展水平较高，但是提升速度相对较低，13 市之间交通基础设施协同发展水平在逐步提升。

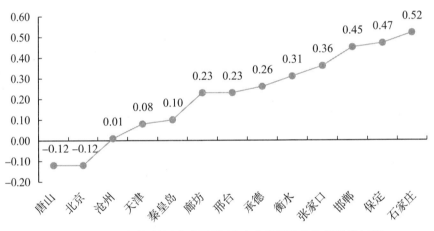

图 4-6   2018 年较 2006 年京津冀 13 市交通基础设施指数增加值

（三）邮电通信基础设施发展水平

表 4-9 为京津冀 13 市邮电通信基础设施指数。从 2006～2018 年京津冀 13 市邮电通信基础设施指数均值来看，邮电通信指数均值最大的是北京（0.71），基于每万人互联网宽带用户数、每万人电话用户数及每万人邮电业务收入综合考量的邮电通信基础设施发展水平 13 年间的均值高于其他地区，整体为较高发展水平；其次是秦皇岛、天津、廊坊、唐山和石家庄，邮电通信基础设施指数均值分别为 0.46、0.45、0.45、0.43 和 0.41，整体处于中低发

展水平；沧州、衡水、保定、承德、张家口、邯郸和邢台7市的邮电通信指数均值为0.20~0.40，整体处于较低发展水平。

表4－9　　　　　2006~2018年京津冀13市邮电通信基础设施指数

地区	2006年	2007年	2008年	2009年	2010年	2011年	2012年	2013年
北京	0.56	0.61	0.64	0.68	0.75	0.67	0.75	0.74
天津	0.38	0.46	0.48	0.55	0.54	0.41	0.39	0.31
石家庄	0.10	0.20	0.19	0.22	0.25	0.36	0.44	0.49
唐山	0.08	0.14	0.27	0.25	0.30	0.54	0.56	0.56
秦皇岛	0.08	0.17	0.21	0.30	0.39	0.56	0.53	0.62
邯郸	0.02	0.07	0.11	0.12	0.16	0.23	0.30	0.34
邢台	0.01	0.06	0.07	0.12	0.15	0.20	0.24	0.29
保定	0.05	0.06	0.10	0.14	0.20	0.28	0.32	0.42
张家口	0.06	0.10	0.11	0.16	0.19	0.27	0.32	0.35
承德	0.03	0.09	0.09	0.15	0.20	0.27	0.34	0.38
沧州	0.11	0.16	0.15	0.23	0.27	0.34	0.37	0.42
廊坊	0.10	0.19	0.24	0.29	0.33	0.49	0.51	0.60
衡水	0.03	0.08	0.17	0.14	0.22	0.28	0.31	0.35

地区	2014年	2015年	2016年	2017年	2018年	均值	排名	
北京	0.81	0.79	0.74	0.71	0.79	0.71	1	
天津	0.20	0.42	0.49	0.56	0.65	0.45	3	
石家庄	0.52	0.58	0.61	0.68	0.75	0.41	6	
唐山	0.51	0.54	0.58	0.62	0.69	0.43	5	
秦皇岛	0.58	0.56	0.65	0.69	0.70	0.46	2	
邯郸	0.36	0.34	0.42	0.51	0.51	0.27	12	
邢台	0.32	0.36	0.48	0.52	0.55	0.26	13	
保定	0.39	0.45	0.52	0.50	0.59	0.31	9	
张家口	0.34	0.34	0.44	0.50	0.61	0.29	11	
承德	0.41	0.39	0.50	0.49	0.57	0.30	10	
沧州	0.41	0.42	0.33	0.51	0.57	0.33	7	
廊坊	0.57	0.57	0.67	0.62	0.68	0.45	4	
衡水	0.36	0.42	0.51	0.60	0.63	0.32	8	

图 4 - 7 为 2006 年和 2018 年京津冀 13 市的邮电通信基础设施指数对比图。从 2006 年指数可以看出，北京的邮电通信指数在 13 市中最高，为 0.56，处于中高发展水平；其次是天津，指数值为 0.38，处于较低发展水平；河北 11 市与京津，特别是北京的邮电通信水平有较大的差距，11 市的指数值为 0～0.2，处于低度发展水平。从 2018 年最新数据可以看出，北京、石家庄、秦皇岛、唐山、廊坊、天津、衡水和张家口 8 市的邮电通信指数值为 0.6～0.8，提升为较高发展水平，其次是保定、承德、沧州、邢台和邯郸 5 市，指数值为 0.5～0.6，处于中高发展水平。

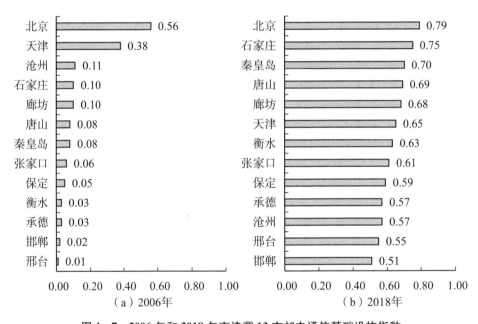

图 4 - 7　2006 年和 2018 年京津冀 13 市邮电通信基础设施指数

从 2018 年较 2006 年京津冀 13 市的邮电通信基础设施指数增加值来看（见图 4 - 8），所有城市 2018 年较 2006 年指数值均不断上升，其中增加值最大的是石家庄（0.65）、秦皇岛（0.62）、唐山（0.60）和衡水（0.60），增加值超过 0.60；增加值为 0.5～0.6 的一共有 5 个城市，分别为廊坊（0.58）、保定（0.55）、张家口（0.55）、邢台（0.54）和承德（0.54）；邯郸和沧州的增加值为 0.48 和 0.47。石家庄的指数值增加了 0.65，是所有城市中最大的，说明石家庄作为河北省省会，其邮电通信水平快速发展，同时京津冀协同发展战略也首先带动了省会城市的邮电通信水平提升。河北 11 市的邮电通信指数增加值远高于京津地区，这很大程度上说明了京津冀 13 市之间邮电通信基础设施一体化程度也在提升。

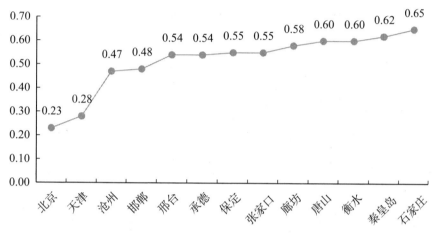

图 4 - 8　2018 年较 2006 年京津冀 13 市邮电通信基础设施指数增加值

（四）环保基础设施发展水平

从 2006～2018 年京津冀 13 市的环保基础设施指数均值来看（见表 4 - 10），环保指数均值最大的是北京（0.76），基于城市建成区绿化覆盖率、人均公园面积及污染物排放综合考量的环保基础设施发展水平 13 年间的均值高于其他地区，在考察期内整体处于较高发展水平；其次是石家庄、秦皇岛、廊坊、承德、天津和唐山，环保基础设施指数均值分别为 0.57、0.56、0.55、0.54、0.53 和 0.50，在考察期内整体处于中高发展水平；邯郸、保定、沧州、张家口和衡水 5 市的环保指数均值为 0.40～0.50，整体处于中低发展水平；邢台在考察期内的均值为 0.37，处于较低发展水平，其环保基础发展水平在 13 市中相对而言是最低的。

表 4 - 10　　　　　　　　2006～2018 年京津冀 13 市环保基础设施指数

地区	2006 年	2007 年	2008 年	2009 年	2010 年	2011 年	2012 年	2013 年
北京	0.60	0.48	0.49	0.73	0.77	0.74	0.77	0.77
天津	0.22	0.52	0.51	0.46	0.43	0.50	0.52	0.54
石家庄	0.30	0.33	0.44	0.57	0.61	0.67	0.51	0.55
唐山	0.45	0.54	0.61	0.74	0.74	0.45	0.49	0.47
秦皇岛	0.38	0.46	0.60	0.60	0.70	0.54	0.52	0.57
邯郸	0.31	0.41	0.45	0.47	0.64	0.62	0.64	0.45
邢台	0.21	0.30	0.28	0.39	0.44	0.35	0.36	0.31
保定	0.29	0.32	0.37	0.44	0.65	0.64	0.27	0.42
张家口	0.16	0.16	0.31	0.30	0.44	0.51	0.56	0.58
承德	0.37	0.32	0.66	0.60	0.65	0.51	0.57	0.59
沧州	0.30	0.30	0.41	0.55	0.69	0.39	0.44	0.41
廊坊	0.40	0.60	0.64	0.71	0.66	0.57	0.55	0.39
衡水	0.17	0.15	0.15	0.28	0.46	0.55	0.50	0.53
地区	2014 年	2015 年	2016 年	2017 年	2018 年	均值	排名	
北京	0.78	0.96	0.98	0.90	0.92	0.76	1	
天津	0.59	0.57	0.65	0.72	0.72	0.53	6	
石家庄	0.66	0.65	0.70	0.75	0.63	0.57	2	
唐山	0.43	0.41	0.24	0.47	0.46	0.50	7	
秦皇岛	0.77	0.48	0.53	0.57	0.60	0.56	3	
邯郸	0.37	0.47	0.53	0.56	0.44	0.49	8	
邢台	0.25	0.27	0.35	0.69	0.62	0.37	13	
保定	0.45	0.52	0.50	0.63	0.64	0.47	9	
张家口	0.58	0.63	0.69	0.48	0.52	0.46	11	
承德	0.51	0.57	0.60	0.60	0.48	0.54	5	
沧州	0.39	0.43	0.55	0.56	0.53	0.46	10	
廊坊	0.36	0.47	0.55	0.60	0.71	0.55	4	
衡水	0.54	0.56	0.46	0.71	0.68	0.44	12	

　　图4-9为京津冀13市2006年和2018年环保基础设施指数变化图。从2006年指数可以看出，北京的环保指数在13市中最高，为0.60，刚跨入较高发展水平门槛；其他城市与北京的环保水平有较大的差距，唐山、廊坊、秦皇岛、承德、邯郸、石家庄、沧州、保定、天津和邢台10市的指数值为0.2~0.4，处于较低发展水平；张家口和衡水的指数值最低，低于0.2，处于低度发展水平。从2018年最新数据来看，北京的环保基础设施指数为0.92，达到高度发展水平，排名第一位；天津、廊坊、衡水、保定、石家庄、邢台和秦皇岛7市的指数值分别为0.72、0.71、0.68、0.64、0.63、0.62和0.60，达到较高发展水平，排名第二位至第八位；沧州和张家口两市指数值分别为0.53和0.52，处于中高发展水平，排名为第九位和第十位；承德、唐山和邯郸3市的指数值分别为0.48、0.46和0.44，环保基础设施发展水平相对于其他城市是最低的，处于中低发展水平。

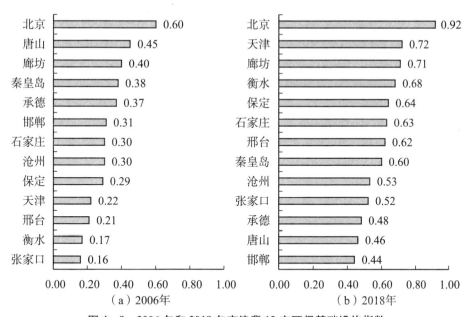

图4-9　2006年和2018年京津冀13市环保基础设施指数

　　通过以上分析可知，2018年和2006年相比，京津冀13市环保基础设施指数发生了较大变化，通过图4-10环保基础设施指数增加值则可以更为明显地看出这一变化趋势。河北的衡水和天津指数增加值最大，超过 0.50。2006 ~ 2018 年衡水的环保指数排名从第 12 位上升到第 4 位，排名上升了 8 位。天津的环保指数增加值仅次于衡水，指数排名从第 10 位上升至第 2 位。邢台、张家口、保定和石家庄 4 市的增加值超过北京，2018 年相比 2006 年指数排名均得以提升。北京基期数值相对较大，增加值为 0.32，低于以上 6 个城市。增加值低于北京的有廊坊、沧州、秦皇岛、邯郸、承德和唐山，其中唐山的增加值最小。总体来看，天津和河北的环保指数不断上升，很大程度上说明了京津冀 13 市之间环保基础设施一体化程度在提升。

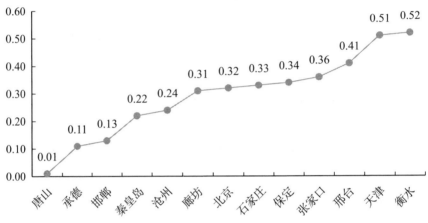

图 4 - 10　2018 年较 2006 年京津冀 13 市环保基础设施指数增加值

第三节　京津冀 13 市基础设施一体化程度评估

一、京津冀 13 市基础设施一体化综合程度

2006 ~ 2016 年京津冀 13 市基础设施一体化综合指数整体上呈现出不断上升趋势，说明 2006 年以来京津冀 13 市一体化综合程度不断提高。从京津冀 13 市一体化等级可以明显看出（见表 4 - 11），一体化等级在 2006 ~ 2008 年为第 Ⅲ 级，2009 ~ 2015 年转变为第 Ⅳ 级，2016 ~ 2018 年上升为第 Ⅴ 级，达到比较一体化程度，京津冀 13 市基础设施一体化发展趋势呈现出不断上升的趋势。

从分类一体化指数来看，能源一体化指数、交通一体化指数、邮电通信一体化指数和环保一体化指数都与综合一体化指数趋势一致，呈现出逐年上升的趋势，邮电通信和环保基础设施一体化程度整体高于能源和交通基础设施一体化程度。

表 4-11 　　　2006～2018 年京津冀 13 市基础设施一体化综合指数

指数	2006 年	2007 年	2008 年	2009 年	2010 年	2011 年	2012 年
综合一体化 $II_{i(1-12)t}^{13s}$	0.41	0.47	0.50	0.55	0.58	0.57	0.56
一体化等级	III	III	III	IV	IV	IV	IV
能源一体化 $II_{i(1-3)t}^{13s}$	0.49	0.49	0.51	0.48	0.44	0.45	0.47
交通一体化 $II_{i(4-6)t}^{13s}$	0.43	0.47	0.46	0.58	0.62	0.55	0.49
邮电通信一体化 $II_{i(7-9)t}^{13s}$	0.25	0.36	0.40	0.46	0.51	0.59	0.62
环保 $II_{i(10-12)t}^{13s}$	0.48	0.55	0.62	0.70	0.76	0.70	0.66
指数	2013 年	2014 年	2015 年	2016 年	2017 年	2018 年	
综合一体化 $II_{i(1-12)t}^{13s}$	0.60	0.59	0.59	0.64	0.67	0.72	
一体化等级	V	IV	IV	V	V	V	
能源一体化 $II_{i(1-3)t}^{13s}$	0.50	0.51	0.44	0.55	0.59	0.66	
交通一体化 $II_{i(4-6)t}^{13s}$	0.59	0.56	0.54	0.61	0.58	0.67	
邮电通信一体化 $II_{i(7-9)t}^{13s}$	0.65	0.63	0.67	0.69	0.75	0.79	
环保 $II_{i(10-12)t}^{13s}$	0.67	0.68	0.70	0.70	0.77	0.75	

二、京津冀 13 市基础设施分类一体化程度

（一）能源一体化程度

2006～2018 年京津冀 13 市能源一体化指数整体上呈现出不断上升趋势，京津冀 13 市能源一体化程度不断提高。从京津冀 13 市一体化等级可以看出（见表 4-12），虽然整体上能源一体化程度不断提高，但是一体化等级偏低，而且波动较大。能源一体化等级最高出现在 2018 年，达到第 V 级，其他年份的一体化程度均为中低和中高水平。从单指标一体化指数来看，供水量一体化指数整体上小幅度下降，波动性较大；供气量一体化指数整体上小幅度上升，

波动性也较大；供电量一体化指数在 3 个单指标指数中最高，整体上呈现出上升趋势，京津冀 13 市之间一体化等级从较低的第Ⅱ级上升到较高的第Ⅴ级，说明供电基础设施在京津冀城市之间不断趋于均衡。

表 4 - 12　　　　2006～2018 年京津冀 13 市能源一体化综合指数

指数	2006 年	2007 年	2008 年	2009 年	2010 年	2011 年	2012 年
能源一体化 $II_{i(1-3)t}^{13s}$	0.49	0.49	0.51	0.48	0.44	0.45	0.47
一体化等级	Ⅲ	Ⅲ	Ⅳ	Ⅲ	Ⅲ	Ⅲ	Ⅲ
供水量 II_{1t}^{13s}	0.63	0.63	0.66	0.56	0.47	0.42	0.46
一体化等级	Ⅴ	Ⅴ	Ⅴ	Ⅳ	Ⅲ	Ⅲ	Ⅲ
供气量 II_{2t}^{13s}	0.46	0.42	0.40	0.39	0.38	0.41	0.41
一体化等级	Ⅲ	Ⅲ	Ⅲ	Ⅱ	Ⅱ	Ⅲ	Ⅲ
供电量 II_{3t}^{13s}	0.39	0.41	0.46	0.48	0.46	0.53	0.53
一体化等级	Ⅱ	Ⅲ	Ⅲ	Ⅲ	Ⅲ	Ⅳ	Ⅳ

指数	2013 年	2014 年	2015 年	2016 年	2017 年	2018 年	
能源一体化 $II_{i(1-3)t}^{13s}$	0.50	0.51	0.44	0.55	0.59	0.66	
一体化等级	Ⅲ	Ⅳ	Ⅲ	Ⅳ	Ⅳ	Ⅴ	
供水量 II_{1t}^{13s}	0.46	0.47	0.46	0.49	0.50	0.55	
一体化等级	Ⅲ	Ⅲ	Ⅲ	Ⅲ	Ⅲ	Ⅳ	
供气量 II_{2t}^{13s}	0.47	0.43	0.32	0.46	0.55	0.69	
一体化等级	Ⅲ	Ⅲ	Ⅱ	Ⅲ	Ⅳ	Ⅴ	
供电量 II_{3t}^{13s}	0.57	0.61	0.53	0.70	0.71	0.75	
一体化等级	Ⅳ	Ⅴ	Ⅳ	Ⅴ	Ⅴ	Ⅴ	

（二）交通一体化程度

2006～2018 年京津冀 13 市交通一体化指数整体上呈现出不断上升趋势，京津冀 13 市交通一体化程度不断提高。从京津冀 13 市一体化等级可以看出（见表 4 - 13），虽然整体上交通一体化程度不断提高，但是一体化等级整体上偏低，一体化程度最高的年份为 2018 年，仍然低于 0.7，处于较高发展水平。从单指标一体化指数来看，道路面积一体化指数从 0.43 上升到 0.76，一体化等级相应地也从中低水平的第Ⅲ级上升到较高水平的第Ⅴ级，在 3 个单指标中一体化程度最高，一体化提升速度最快；公共汽车一体化指数从 0.36 上升到 0.56，一体化程度波动较大，整体上呈现出不断上升的趋势，一体化程度在三个指标中相对最低；3 个单指标中出租车一体化指数处于中间位置，整体呈现出逐步上升的趋势，一体化指数从 2006 年的 0.52 上升到 2018 年的 0.69，一体化等级不断上升。

表 4 - 13　　　　　　　　2006～2018 年京津冀 13 市交通一体化指数

指数	2006 年	2007 年	2008 年	2009 年	2010 年	2011 年	2012 年
交通一体化 $II^{13s}_{i(4-6)t}$	0.43	0.47	0.46	0.58	0.62	0.55	0.49
一体化等级	Ⅲ	Ⅲ	Ⅲ	Ⅳ	Ⅴ	Ⅳ	Ⅲ
道路面积 II^{13s}_{4t}	0.43	0.52	0.54	0.55	0.63	0.65	0.63
一体化等级	Ⅲ	Ⅳ	Ⅳ	Ⅳ	Ⅴ	Ⅴ	Ⅴ
公共汽车 II^{13s}_{5t}	0.36	0.44	0.46	0.65	0.66	0.44	0.46
一体化等级	Ⅱ	Ⅱ	Ⅲ	Ⅴ	Ⅴ	Ⅲ	Ⅲ
出租车 II^{13s}_{6t}	0.52	0.46	0.38	0.53	0.57	0.55	0.36
一体化等级	Ⅳ	Ⅲ	Ⅱ	Ⅳ	Ⅳ	Ⅳ	Ⅱ

指数	2013 年	2014 年	2015 年	2016 年	2017 年	2018 年	
交通一体化 $II^{13s}_{i(4-6)t}$	0.59	0.56	0.54	0.61	0.58	0.67	
一体化等级	Ⅳ	Ⅳ	Ⅳ	Ⅴ	Ⅳ	Ⅴ	
道路面积 II^{13s}_{4t}	0.60	0.62	0.52	0.60	0.64	0.76	
一体化等级	Ⅴ	Ⅴ	Ⅳ	Ⅴ	Ⅴ	Ⅴ	
公共汽车 II^{13s}_{5t}	0.66	0.59	0.64	0.66	0.55	0.56	
一体化等级	Ⅴ	Ⅳ	Ⅴ	Ⅴ	Ⅳ	Ⅳ	
出租车 II^{13s}_{6t}	0.50	0.48	0.47	0.58	0.55	0.69	
一体化等级	Ⅳ	Ⅲ	Ⅲ	Ⅳ	Ⅳ	Ⅴ	

（三）邮电通信一体化程度

2006～2016 年京津冀 13 市邮电通信一体化指数从 0.25 上升到 0.79，整体上呈现出不断上升趋势，一体化程度不断提高。从京津冀 13 市一体化等级可以看出（见表 4 - 14），2006～2008 年为第 II 级，从 2010 年开始，从非一体化状态进入一体化状态，京津冀 13 市之间一体化程度整体较高。从单指标一体化指数来看，互联网一体化指数 2006～2018 年从 0.25 上升到 0.87，整体呈现出上升趋势，在 3 个指标中上升幅度最大，一体化程度最高；电话用户一体化指数从 0.28 上升到 0.78，一体化发展速度最快，2018 年一体化程度达到较高状态，在 3 个指标中一体化程度处于中间位置；邮电业务收入一体化指数从 0.24 上升到 0.72，一体化等级不断上升，2018 年为较高一体化程度，一体化程度在三个指标中相对最低。

表 4 - 14　　　　　　2006～2018 年京津冀 13 市邮电通信一体化指数

指数	2006 年	2007 年	2008 年	2009 年	2010 年	2011 年	2012 年
邮电通信 $\mathrm{II}^{13s}_{i(7-9)t}$	0.25	0.36	0.40	0.46	0.51	0.59	0.62
一体化等级	II	II	II	III	IV	IV	V
互联网 II^{13s}_{7t}	0.25	0.31	0.37	0.44	0.49	0.55	0.58
一体化等级	II	II	II	III	III	IV	IV
电话用户 II^{13s}_{8t}	0.28	0.40	0.46	0.51	0.55	0.64	0.66
一体化等级	II	II	III	IV	IV	V	V
邮电收入 II^{13s}_{9t}	0.24	0.38	0.36	0.45	0.49	0.56	0.63
一体化等级	II	II	II	III	III	IV	V

指数	2013 年	2014 年	2015 年	2016 年	2017 年	2018 年	
邮电通信 $\mathrm{II}^{13s}_{i(7-9)t}$	0.65	0.63	0.67	0.69	0.75	0.79	
一体化等级	V	V	V	V	V	V	
互联网 II^{13s}_{7t}	0.59	0.63	0.69	0.74	0.78	0.87	
一体化等级	IV	V	V	V	V	VI	
电话用户 II^{13s}_{8t}	0.69	0.67	0.67	0.72	0.76	0.78	
一体化等级	V	V	V	V	V	V	
邮电收入 II^{13s}_{9t}	0.68	0.58	0.65	0.62	0.72	0.72	
一体化等级	V	IV	V	V	V	V	

（四）环保一体化程度

2006～2016 年京津冀 13 市环保一体化指数从 0.48 上升到 0.75，整体上呈现出不断上升趋势。从单指标一体化指数来看（见表 4–15），绿化率一体化指数从 0.58 上升到 0.68，一体化等级从中高水平的第Ⅳ级上升到较高水平的第Ⅴ级，提升幅度较为有限；公园面积一体化指数从 0.37 上升到 0.67，有较大的波动性，一体化指数最高值出现在 2010～2011 年（0.73），但是一体化程度整体上升；节能减排一体化指数从 0.49 上升到 0.90，上升趋势明显，在3 个指标中一体化上升速度最快，一体化发展水平最高。

表 4–15　　　　　　　2006～2018 年京津冀 13 市环保一体化指数

指数	2006 年	2007 年	2008 年	2009 年	2010 年	2011 年	2012 年
环保一体化 $\mathrm{II}_{i(10-12)t}^{13s}$	0.48	0.55	0.62	0.70	0.76	0.70	0.66
一体化等级	Ⅲ	Ⅳ	Ⅴ	Ⅴ	Ⅴ	Ⅴ	Ⅴ
绿化率 II_{10t}^{13s}	0.58	0.55	0.66	0.71	0.78	0.75	0.67
一体化等级	Ⅳ	Ⅳ	Ⅴ	Ⅴ	Ⅴ	Ⅴ	Ⅴ
公园面积 II_{11t}^{13s}	0.37	0.47	0.51	0.64	0.73	0.73	0.67
一体化等级	Ⅱ	Ⅲ	Ⅳ	Ⅴ	Ⅴ	Ⅴ	Ⅴ
节能减排 II_{12t}^{13s}	0.49	0.63	0.68	0.74	0.76	0.62	0.64
一体化等级	Ⅲ	Ⅴ	Ⅴ	Ⅴ	Ⅴ	Ⅴ	Ⅴ
指数	2013 年	2014 年	2015 年	2016 年	2017 年	2018 年	
环保一体化 $\mathrm{II}_{i(10-12)t}^{13s}$	0.67	0.68	0.70	0.70	0.77	0.75	
一体化等级	Ⅴ	Ⅴ	Ⅴ	Ⅴ	Ⅴ	Ⅴ	
绿化率 II_{10t}^{13s}	0.66	0.62	0.63	0.55	0.71	0.68	
一体化等级	Ⅴ	Ⅴ	Ⅴ	Ⅳ	Ⅴ	Ⅴ	
公园面积 II_{11t}^{13s}	0.68	0.70	0.70	0.68	0.71	0.67	
一体化等级	Ⅴ	Ⅴ	Ⅴ	Ⅴ	Ⅴ	Ⅴ	
节能减排 II_{12t}^{13s}	0.66	0.70	0.77	0.85	0.89	0.90	
一体化等级	Ⅴ	Ⅴ	Ⅴ	Ⅵ	Ⅵ	Ⅵ	

第四节 小 结

一、基础设施发展水平小结

（一）基础设施综合水平不断提高，但未达高度水平

2006~2018年京津冀13市基础设施综合指数均呈现出上升的趋势，说明13市基础设施综合发展水平在不断提高，基础设施综合发展水平从较低等级向较高等级发展。京津冀基础设施发展水平的提高，为京津冀基础设施一体化发展奠定了良好的物质基础条件。但是也要看到，基础设施发展水平综合指数在2018年只有北京达到0.87，达到高度一体化程度，其他12市均未达到高度一体化程度。

（二）京津冀13市之间基础设施发展水平差距较大

2018年，北京基础设施综合发展水平达到高等级；天津、秦皇岛和石家庄3市基础设施发展水平综合指数超过0.6，达到较高发展水平；保定、衡水、邯郸和廊坊4市则超过0.5，为中高发展水平；承德仅为0.37，为较低发展水平；其他城市为0.4~0.5，处于中低发展水平。由此可见，2018年京津冀13市基础设施综合发展水平从高等级到较低等级呈现梯度分布，各市之间发展水平相差较大（见图4-11）。

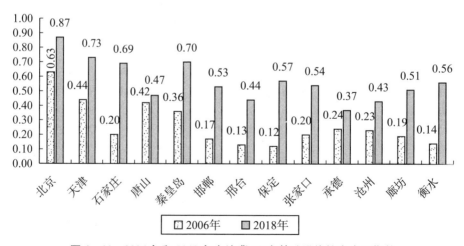

图4-11 2006年和2018年京津冀13市基础设施综合水平指数

（三）京津冀 13 市之间基础设施发展差距呈现缩小趋势

2006 ~ 2018 年京津冀 13 市之间基础设施差距在缩小，京津冀基础设施协同发展水平提升。2006 年京津冀 13 市中 12 市相对北京偏差较高（津冀 12 市的指数值与北京的指数值之差的绝对值），绝对偏差为 0.39；2018 年大多数城市相对北京偏差下降，仅少数城市相对偏差上升（唐山、承德和沧州），绝对偏差为 0.33（见图 4 - 12）。在大多数城市相对北京偏差下降的作用下，2018 年 12 个城市相对北京的绝对偏差下降 0.06，城市之间基础设施差距缩小。

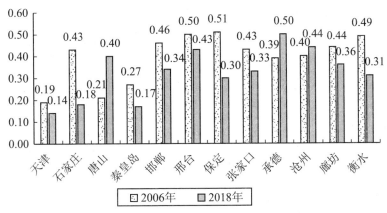

图 4 - 12 2006 年和 2018 年津冀 12 市基础设施综合指数相对北京的偏差

（四）基础设施分类发展水平均提高，但各分类基础设施之间差距较大

2006 ~ 2018 年京津冀 13 市整体能源、交通、邮电通信和环保基础设施指数均呈现出不断上升趋势，但是各分类基础设施水平之间差距较大。从图 4 - 13 可以看出，邮电通信分类指数从 0.12 上升到 0.64，上升趋势非常明显，发展水平从低水平提升到较高水平，在四类基础设施中上升最快，2018 年时是四类基础设施中最高的；环保基础设施指数从 0.32 上升到 0.61，发展水平从较低水平上升到较高水平，2018 年时在四类基础设施中位于第二位；能源基础设施指数从 0.35 上升到 0.53，发展水平从较低水平提升到中高水平，在四类基础设施中位于第三位；交通基础设施指数从 0.29 上升到 0.50，发展水平从较低水平上升到中高水平，2018 年时是四类基础设施中相对最低的。由此可见，京津冀 13 市邮电通信基础设施和环保基础设施发展水平明显高于能源基础设施和交通基础设施发展水平，未来需要进一步加大能源和交通发展水平。

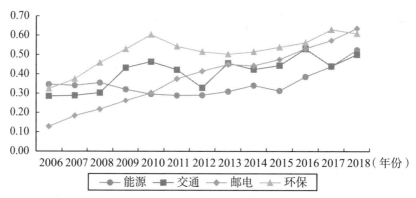

图 4 - 13　2006～2018 年京津冀 13 市基础设施分类指数平均值

（五）京津冀 13 市之间交通与邮电发展水平差距缩小，能源和环保发展水平差距扩大

京津冀 13 市之间交通和邮电基础设施差距均不断缩小，能源和环保基础设施差距呈现上升趋势。从图 4 - 14 可以看出，2006 年和 2018 年京津冀 13 市之间交通基础设施绝对偏差分别为 0.69 和 0.32，2018 年绝对偏差值下降 0.37，各市之间发展差距呈现出缩小趋势；2006 年和 2018 年邮电基础设施绝对偏差分别为 0.47 和 0.17，2018 年绝对偏差值下降 0.3，京津冀 13 市之间邮电通信基础设施水平差距逐步缩小；2006 年和 2018 年能源基础设施绝对偏差分别为 0.16 和 0.49，2018 年绝对偏差值上升 0.33，京津冀 13 市之间能源基础设施水平差距逐步扩大；2006 年和 2018 年环保基础设施绝对偏差分别为 0.30 和 0.33，2018 年绝对偏差值上升 0.03，京津冀 13 市之间环保基础设施水平差距微弱上升。

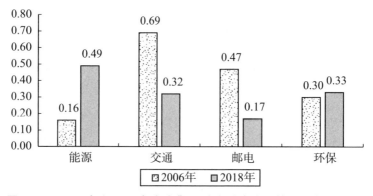

图 4 - 14　2006 年和 2018 年京津冀 13 市各分类交通基础设施绝对偏差

二、基础设施一体化程度小结

（一）综合一体化程度不断提高，但未达高度一体化

京津冀13市基础设施一体化综合指数2006～2018年从0.41上升到0.72，呈现出不断上升的趋势（见图4-15）。2016年基础设施综合一体化指数从上一年的0.59上升到0.64，一体化程度相应地从上一年的中高一体化上升到比较一体化，2016～2018年三年间综合一体化程度均在0.60以上。京津冀13市基础设施一体化程度提高，充分体现了2004年"廊坊共识"启动京津冀协同发展和2014年京津冀协同发展上升为国家战略所带来的政策冲击效应，在国家政策的作用下，作为京津冀协同发展的先行领域——基础设施领域的协同发展取得了较大的进展。但是，同时也要认识到，虽然京津冀13市基础设施综合一体化程度在不断提高，但还远未达到高度一体化状态，未来还需要加大基础设施一体化力度，促进综合一体化指数向高度一体化程度发展。

图4-15　2006～2018年京津冀13市基础设施一体化综合指数平均值

（二）分类一体化程度均提高，但各分类及单指标一体化之间差距较大

京津冀13市2006～2018年能源、交通、邮电通信和环保分类一体化指数均呈现出不断上升趋势，但是各分类一体化指数差别较大（见图4-16）。邮电通信一体化程度最高，环保一体化程度次之，能源和交通一体化程度相对较差。同时，部分单指标一体化指数下降趋势较为明显。其中，2006～2018年

能源基础设施下属的供水量单指标一体化指数从 0.63 下降到 0.55，从较高一体化程度下降为中高一体化程度。根据耦合协调度构建的一体化模型原理，各系统某个指标数据不断上升且处于较高的发展水平，则该指标所测算出来的一体化指数值越高。导致以该指标出现下降趋势的原因是 13 市中很多城市相应指标处于下降趋势，从而导致一体化程度也在下降。此外，单指标一体化程度悬殊较大：互联网宽带和节能减排一体化达到高度发展水平，供气量、供电量、道路面积、出租车、电话用户、邮电收入、绿化覆盖率、公园面积一体化处于较高发展水平，而供水量、公共汽车一体化则仅处于中高发展水平。

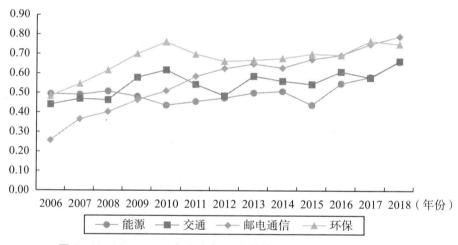

图 4-16   2006～2018 年京津冀 13 市整体基础设施分类一体化指数

第五章　京津冀金融支持基础设施状况分析

本章对京津冀13市金融支持发展水平与金融支持一体化程度进行定量考察，内容安排如下：第一节构建金融支持评价指标体系及指数模型，包括金融支持评价指标体系及指标解释，京津冀金融支持发展水平指数模型构建，京津冀金融支持一体化指数模型构建，以及基于熵值赋权法的金融支持指标权重；第二节定量分析京津冀13市金融支持发展水平，包括京津冀13市金融支持综合发展水平及分类发展水平；第三节定量分析京津冀13市金融支持一体化程度，包括京津冀13市金融支持综合一体化程度及分类一体化程度；第四节为基于金融支持视角的基础设施及其一体化程度提升的原因分析；第五节为小结。

第一节　金融支持评价指标体系及指数模型

金融支持为综合性指标，为了尽可能客观地反映基础设施发展情况，必须遵循下级指标选取的综合性、全面性和重要性的原则，在数据可获得性原则下选取尽可能多的指标对金融支持基础设施进行有效评价。据此，根据金融支持基础设施内涵特征，将金融支持涵盖的3个子系统设为二级指标，3个子系统下属指标设为三级指标。二级指标包括金融支持规模、金融支持结构和金融支持效率3个分类指标；三级指标共9个单指标，所有指标均为正指标。

一、金融支持评价指标体系及指标解释

（一）金融支持评价指标体系

金融支持综合指标为一级指标，下属分为二级指标和三级指标。根据指标选取的重要性、综合性及数据可获得性等原则，本书选取金融支持二级指标共

3 个，分别是金融支持规模、金融支持结构和金融支持效率；每个二级指标下属 3 个三级指标（见表 5 – 1）。

表 5 – 1　　　　　　　　　　金融支持指标体系

综合指标	分类指标	单指标	指标解释	指标属性
金融支持综合指标 Y	规模 Y_1	1. 固定资产投资 y_1	城镇固定资产投资额/年底总人口数	正指标
		2. 财政支出 y_2	政府财政支出总额/年底总人口数	正指标
		3. 贷款总额 y_3	金融机构贷款总额/年底总人口数	正指标
	结构 Y_2	4. 多元融资 y_4	城镇固定资产资金来源中利用外资和其他资金占比	正指标
		5. 基础投资 y_5	城镇固定资产投资总额中基础设施投资占比	正指标
		6. 存贷比 y_6	金融机构各项贷款余额/年末金融机构各项存款	正指标
	效率 Y_3	7. 边际资本生产率 y_7	经济总量增量/固定资产投资额增量	正指标
		8. 城镇化率 y_8	城镇人口占比	正指标
		9. 项目建成投产率 y_9	建成投入生产项目个数/同期正式施工项目个数	正指标

（二）金融支持指标解释

金融支持指标体系选取了 3 个二级指标和 9 个三级指标，时间段为 2006 ~ 2018 年，共计京津冀 13 个城市 13 年金融支持相关指标的数据，京津冀 13 市金融支持相关指标数据均来源于相关年份京津冀各城市统计年鉴和《中国城市统计年鉴》。

第一，金融支持规模分类指标，选取了 3 个指标用以反映金融支持规模。人均城镇固定资产投资额 = 城镇固定资产投资总额/年底总人口数，能较好地反映基础设施资金支持情况，进而反映其为基础设施所提供的金融支持；人均财政支出是基础设施建设所需资金的重要来源，由于基础设施的公共产品特征，财政支持往往成为基础设施建设非常重要的资金来源，人均财政支出是反映基础设施金融支持不可缺少的指标；金融机构贷款是基础设施建设所需资金重要来源，在基础设施建设直接融资模式严重不足时期，银行信贷这种间接融资模式便成为基础设施建设的最重要资金来源之一，从而商业银行人均贷款额是反映金融支持基础设施建设的重要指标。

第二，金融支持结构分类指标，选取了 3 个指标反映金融支持结构。多元化融资占比 = 城镇固定资产投资资金来源小计 − 预算内资金 − 国内贷款 − 自筹资金/城镇固定资产投资资金来源小计 = 利用外资 + 其他资金/城镇固定资产投资资金来源小计，表明除传统融资方式之外，基础设施建设中利用外资及其他渠道筹措资金的水平，是基础设施融资渠道多元化的体现，反映基础设施金融支持结构的优化；基础设施投资占比 = 电力燃气水投资额 + 交通仓储邮政投资额 + 水利环境公共设施投资额/城镇固定资产投资额 = 基础设施投资额/城镇固定资产投资额，由于城镇固定资产投资额中没有基础设施投资额这一项数据统计，本书用电力燃气水投资额代替能源基础设施投资额，用交通仓储邮政投资额代替交通和邮电通信基础设施投资额，用水利环境公共设施投资额代替环保基础设施投资额，用以上这几项投资额之和除以城镇固定资产投资额，得到城镇固定资产投资总额中基础设施投资占比指标，反映城镇固定资产投资的基础设施金融支持结构；金融机构存贷比 = 年末金融机构各项贷款余额/年末金融机构各项存款余额，反映金融机构将存款转化为基础设施建设贷款的情况。

第三，金融支持效率分类指标。在基础设施建设资金短缺的背景下，提高金融资金对基础设施建设的支持效率成为必然选择，选取 3 个三级指标反映金融支持效率：边际资本生产率（经济总量增量/固定资产投资总额）是基础设施金融支持对宏观经济增长的支持效率，反映金融支持的经济效率；城镇化率则是金融支持基础设施建设效率的重要体现，基础设施建设是城镇化的基础和先决条件，城镇化则是基础设施发展的结果，反映金融支持基础设施投资的社会效率的体现；项目建成投产率为全部建成投入生产项目个数占同期正式施工项目个数的比率，反映金融支持基础设施建设的直接效率。

二、京津冀金融支持发展水平指数模型构建

传统综合指数一般采用多个指标进行加权合成指数，由于不同指标之间具有不同的量纲，因此，需要对各个指标进行标准化处理。标准化处理一般采用离差标准化方法将各个指标原始数据标准化到 ［0，1］ 区间。这种方法适合对某一个地区考察期纵向变化情况的考察，对于多个地区之间的横向比较意义不大，因为如果各个地区在考察期均呈现出上升趋势的话，那么综合指数无法进行地区之间的横向对比。在对不同城市之间的金融支持水平进行横向对比时，还要对同一地区不同年份之间的数据进行纵向对比，鉴于当前综合指数模型构建的缺陷，本书对传统综合指数模型进行了改进，构建了适合本书的基础设施与金融支持单指标指数模型、分类指数模型和综合指数模型。

（一）传统综合指数及标准化数据缺陷

假设 y_{it}^j 为 j 城市金融支持第 i 个指标第 t 年的数据，j_{1-13} 分别是 1 北京（bj）、2 天津（tj）、3 石家庄（sjz）、4 唐山（ts）、5 秦皇岛（qhd）、6 邯郸（hd）、7 邢台（xt）、8 保定（bd）、9 张家口（zjk）、10 承德（cd）、11 沧州（cz）、12 廊坊（lf）、13 衡水（hs）。i 为金融支持下属的 9 个三级指标，具体见表 5 - 1。t 为考察期 2006 ~ 2018 年，分别用 t_1，t_2，$\cdots$，t_{13} 表示。

本书采用综合指数法对金融支持不同指标进行加权合成，金融支持综合指数 y_t^j 计算公式为：

$$Y_t^j = a_1 y_{1t}^{j'} + a_2 y_{2t}^{j'} + \cdots + a_n y_{it}^{j'} \tag{5-1}$$

其中，$j = 1，2，\cdots，13$；$i = 1，2，\cdots，9$；$t = 1，2，\cdots，13$；Y_t^j 为第 j 个城市第 t 年金融支持综合指数。由于综合指数涉及不同量纲指标数据之间的合成，因此需要对不同指标的原始数据进行标准化处理：$y_{1t}^{j'} \cdots y_{it}^{j'}$ 分别为第 j 个城市各个指标标准化值，a_1，a_2，$\cdots$，a_n 分别为金融支持下属具体指标被赋予的权重，n 为金融支持下属指标数量，共计 9 个指标。j 为考察的城市数量，共计 13 个城市。t 为考察的时间段，2006 ~ 2018 年共计 13 年。本书采用离差标准化方法对原始数据进行标准化：

$$y_{it}^{j'} = \frac{y_{it}^j - \min(y_{it}^j)}{\max(y_{it}^j) - \min(y_{it}^j)}，当 y_i 为正指标 \tag{5-2}$$

$$y_{it}^{j'} = \frac{\max(y_{it}^{j}) - y_{it}^{j}}{\max(y_{it}^{j}) - \min(y_{it}^{j})}, \quad 当 y_i 逆指标 \tag{5-3}$$

$y_{it}^{j'} \in [0, 1]$，当原始数据最小时标准化数值取 0，原始数据越大标准化数值越接近 1，当原始数据最大时标准化数值取 1。以往文献在对第 i 个指标原始数据标准化的过程中，y_{it}^{j} 往往通过考察该城市该指标在考察期间的变动情况。以 2006 年和 2018 年北京人均财政支出指标来看，其标准化的公式如下：

$$y_{i_2 t_1}^{j_1} = \frac{y_{2 t_1}^{j_1} - \min(y_{i_2 t_1 - 13}^{j_1})}{\max(x_{i_2 t_1 - 13}^{j_1}) - \min(x_{i_2 t_1 - 13}^{j_1})} \tag{5-4}$$

$$x_{i_2 t_{13}}^{j_1} = \frac{y_{i_2 t_{19}}^{j_1} - \min(y_{i_2 t_1 - 13}^{j_1})}{\max(y_{i_2 t_1 - 13}^{j_1}) - \min(y_{i_2 t_1 - 13}^{j_1})} \tag{5-5}$$

其中，$y_{i_2 t_1}^{j_1}$ 和 $y_{i_2 t_{13}}^{j_1}$ 表示 2006 年和 2018 年北京金融支持第 2 个指标（人均财政支出）标准化值（$y_{i_2 t_1}^{j_1}$ 和 $x_{i_2 t_{13}}^{j_1}$ 表示 2000 年和 2018 年北京人均财政支出的原始数据）；$\max(y_{i_2 t_1 - 13}^{j_1})$ 表示北京的该指标在 2006 ~ 2018 年的最大值；$\min(y_{i_2 t_1 - 13}^{j_1})$ 表示北京的该指标在 2006 ~ 2018 年的最小值。由于 2006 ~ 2018 年北京人均财政支出从 8100 元/人增加到 34683 元/人，处于持续上升趋势，所以 $y_{2 t_1}^{j_1} = 0$，$y_{i_2 t_{19}}^{j_1} = 1$。

以 2006 年和 2018 年邯郸人均财政支出这个指标来看，其标准化的公式如下：

$$y_{i_2 t_1}^{j_6} = \frac{y_{i_2 t_1}^{j_6} - \min(y_{i_2 t_1 - 13}^{j_6})}{\max(y_{i_2 t_1 - 13}^{j_1}) - \min(y_{i_2 t_1 - 13}^{j_1})} \tag{5-6}$$

$$y_{i_2 t_{13}}^{j_6} = \frac{y_{i_2 t_{13}}^{j_6} - \min(y_{i_2 t_1 - 13}^{j_6})}{\max(y_{i_2 t_1 - 13}^{j_6}) - \min(y_{i_2 t_1 - 13}^{j_6})} \tag{5-7}$$

由于 2006 ~ 2018 年邯郸人均财政支出从 1256 元/人上升到 3048 元/人，同样处于持续上升趋势，所以 $y_{i_2 t_1}^{j_6} = 0$，$y_{i_2 t_{13}}^{j_6} = 1$。

从北京和邯郸的标准化数值我们可以发现，以往文献中标准化原始数据方法较好地反映了单个地区指标数据时间上的纵向对比关系，北京和邯郸都在 2018 年达到了最大化标准值。但是，最大的缺陷是没能反映出该地区在所有地区中的横向对比关系，2018 年北京人均财政支出是邯郸的 11.38 倍，但是标准化数据都取 1，不能有效反映出横向对比关系。

（二）京津冀金融支持发展水平指数模型改进

针对以往文献标准化数据的缺陷，本书将综合考察纵向对比和横向对比，计算公式如下：

$$y^{j'}_{it_{vertical}} = \frac{y^j_{it} - \min(y^j_{it_{1-13}})}{\max(y^j_{it_{1-13}}) - \min(y^j_{it_{1-13}})} \quad \text{纵向标准化} \qquad (5-8)$$

$$y^{j'}_{level_{it}} = \frac{y^j_{it} - \min(y^{j_{1-13}}_{it})}{\max(y^{j_{1-13}}_{it}) - \min(y^{j_{1-13}}_{it})} \quad \text{横向标准化} \qquad (5-9)$$

其中，$y^{j'}_{it_{vertical}}$ 为 j 城市金融支持第 i 个指标第 t 年的纵向标准化数据，y^j_{it} 为 j 城市金融支持第 i 个指标第 t 年的原始数据，$\min(y^j_{it_{1-13}})$ 和 $\max(y^j_{it_{1-13}})$ 为 j 城市金融支持第 i 个指标 2006～2018 年的最小值和最大值，是 j 城市金融支持第 i 指标第 t 年数据通过与本地区考察期自身变化比较的标准化数据；$y^{j'}_{level_{it}}$ 为 j 城市金融支持第 i 个指标第 t 年的横向标准化数据，y^j_{it} 为 j 城市金融支持第 i 个指标第 t 年的原始数据，$\min(y^{j_{1-13}}_{it})$ 和 $\max(y^{j_{1-13}}_{it})$ 为金融支持第 i 个指标第 t 年 13 个城市中的最小值和最大值，是 i 指标第 t 年数据通过与京津冀所有 13 个城市进行比较的标准化数据。

在综合考察纵向标准化和横向标准化之后，此时金融支持 i 指标的纵横标准化合成单指标指数公式如下：

$$y^{jlevel}_{it_{vertical}} = \frac{1}{2}y^{j'}_{it_{vertical}} + \frac{1}{2}y^{jlevel}_{it} = \frac{1}{2}\frac{y^j_{it} - \min(y^j_{it_{1-13}})}{\max(y^j_{it_{1-13}}) - \min(y^j_{it_{1-13}})}$$
$$+ \frac{1}{2}\frac{y^j_{it} - \min(y^{j_{1-13}}_{it})}{\max(y^{j_{1-13}}_{it}) - \min(y^{j_{1-13}}_{it})} \qquad (5-10)$$

在考察金融支持单指标指数基础上，我们还需考察金融支持规模、金融支持结构和金融支持效率三种金融支持分类指数：

$$Y^{jlevel}_{i_{m-n}t_{vertical}} = a_m y^{jlevel}_{mt_{vertical}} + \cdots + a_n y^{jlevel}_{nt_{vertical}} \qquad (5-11)$$

其中，$j = 1, 2, \cdots, 13$；$m-n$ 为各分类金融支持下属指标；$t = 1, 2, \cdots, 13$；$Y^{jlevel}_{i_{m-n}t_{vertical}}$ 为金融支持纵横标准化合成分类指数；$y^{jlevel}_{mt_{vertical}}, \cdots, y^{jlevel}_{nt_{vertical}}$ 分别为指标 $m, \cdots, n$ 的纵横标准化合成指数；$a_m, \cdots, a_n$ 为各个指标在金融支持分类指数中的权重，$a_m +, \cdots, + a_n = 1$，本书采用客观赋权法中的熵值法对金融支持各分类指数进行赋权。其中，金融支持规模下属 3 个指标，指标 $m-n$ 为第

1~3 个指标；金融支持结构下属 3 个指标，指标 $m-n$ 为第 4~6 个指标；金融支持效率下属 3 个指标，指标 $m-n$ 为第 7~9 个指标。

在金融支持单指标指数和分类指数模型构建基础上，通过对所有指标加权计算得到金融支持发展水平综合指数：

$$Y_{t_{vertical}}^{j_{level}} = a_1 y_{1t_{vertical}}^{j_{level}} + a_2 y_{2t_{vertical}}^{j_{level}} + \cdots + a_9 y_{9t_{vertical}}^{j_{level}} \qquad (5-12)$$

其中，$j=1,2,\cdots,13$；$i=1,2,\cdots,9$；$t=1,2,\cdots,13$；$Y_{t_{vertical}}^{j_{level}}$ 为纵横标准化合成金融支持综合指数；$y_{1t_{vertical}}^{j_{level}}$，$y_{2t_{vertical}}^{j_{level}}$，$\cdots$，$y_{9t_{vertical}}^{j_{level}}$ 分别为指标 1，指标 2，$\cdots$，指标 9 的纵横标准化合成指数；a_1，a_2，$\cdots$，a_9 为各个指标在金融支持发展水平综合指数中的权重，权重之和为 1，本书采用客观赋权法中的熵值法对金融支持各指标进行赋权（见表 5-4）。

（三）金融支持发展水平评价标准

假定金融支持指数（Finance Index，FI）分为综合指数、分类指数和单指标指数，将指数取值范围划分为六个不同的等级：当 $0.8 \le FI \le 1$ 时，金融支持为高度发展水平，发展等级为第 Ⅵ 级；当 $0.6 \le FI < 0.8$ 时，金融支持为较高发展水平，发展等级为第 Ⅴ 级；当 $0.5 \le FI < 0.6$ 时，金融支持为中高发展水平，发展等级为第 Ⅳ 级；当 $0.4 \le FI < 0.5$ 时，金融支持为中低发展水平，发展等级为第 Ⅲ 级；$0.2 \le FI < 0.4$ 时，金融支持为较低发展水平，发展等级为第 Ⅱ 级；$0 \le FI < 0.2$ 时，金融支持为低度发展水平，发展等级为第 Ⅰ 级（见表 5-2）。

表 5-2　　　　　　　　　金融支持发展水平指数评价标准

取值范围	发展水平	发展等级
$0.8 \le FI \le 1$	高度发展水平	Ⅵ
$0.6 \le FI < 0.8$	较高发展水平	Ⅴ
$0.5 \le FI < 0.6$	中高发展水平	Ⅳ
$0.4 \le FI < 0.5$	中低发展水平	Ⅲ
$0.2 \le FI < 0.4$	较低发展水平	Ⅱ
$0 \le FI < 0.2$	低度发展水平	Ⅰ

三、京津冀金融支持一体化指数模型构建

（一）基于耦合协调度模型的京津冀金融支持一体化模型

根据耦合协调度模型［见式（4-13）］衡量多个系统之间协调发展程度的原理，本书将京津冀 13 市视为 13 个不同的系统，构建京津冀 13 市金融支持一体化模型。假设 y_{it}^{j} 表示 j 城市金融支持第 i 个指标第 t 年的数据，j 分别为北京（bj）、天津（tj）、石家庄（sjz）、唐山（ts）、秦皇岛（qhd）、邯郸（hd）、邢台（xt）、保定（bd）、张家口（zjk）、承德（cd）、沧州（cz）、廊坊（lf）和衡水（hs）13 个市，对于第 i 个指标第 t 年来说，13 市之间金融支持耦合度模型如下所示：

$$FC_{it}^{13s} = \sqrt[13]{\frac{y_{it}^{bj'} \times y_{it}^{tj'} \times y_{it}^{sjz'} \times y_{it}^{ts'} \times y_{it}^{dhd'} \times y_{it}^{hd'} \times y_{it}^{xt'} \times y_{it}^{bd'} \times y_{it}^{zjk'} \times y_{it}^{cd'} \times y_{it}^{cz'} \times y_{it}^{lf'} \times y_{it}^{hs'}}{\left(\dfrac{y_{it}^{bj'} + y_{it}^{tj'} + y_{it}^{sjz'} + y_{it}^{ts'} + y_{it}^{dhd'} + y_{it}^{hd'} + y_{it}^{xt'} + y_{it}^{bd'} + y_{it}^{zjk'} + y_{it}^{cd'} + y_{it}^{cz'} + y_{it}^{lf'} + y_{it}^{hs'}}{13}\right)^{13}}}$$

$$(5-13)$$

其中，FC_{it}^{13s} 则为京津冀 13 市之间的金融支持耦合度；$y_{it}^{bj'}$，$y_{it}^{tj'}$，…，$y_{it}^{hs'}$ 分别为京津冀 13 市第 i 个指标第 t 年的纵横标准化单指标指数。根据多系统之间的耦合协调度公式［见式（4-14）］，对于第 i 个指标第 t 年来说，构建京津冀 13 市金融支持耦合协调度模型如下所示：

$$FD_{it}^{13s} = \sqrt{FC_{it}^{13s} \times FT_{it}^{13s}} \qquad (5-14)$$

其中，FD_{it}^{13s} 为京津冀 13 市的金融支持耦合协调度；FC_{it}^{13s} 为京津冀 13 市之间的金融支持耦合度；$FT_{it}^{13s} = \beta_1 y_{it}^{bj'} + \beta_2 y_{it}^{tj'} + \cdots + \beta_{13} y_{it}^{hs'}$。$\beta_1$，$\beta_2$，…，$\beta_3$ 为京津冀 13 市在综合指数测算中的权重占比，借鉴相关文献采用离差方法及份额方法测度区域一体化程度的研究中为了避免不同地区权重不同而产生偏误，京津冀 13 市权重采取等权重加权方法，$\beta_1 = \beta_2 = \beta_3 = \dfrac{1}{13}$。

以上计算得出了每个指标 i 的耦合协调度，京津冀 13 市金融支持发展水平测度共选取了 9 个指标，则这 9 个指标在第 t 年的综合耦合协调度模型如下：

$$FD_t^{13s} = \gamma_1 D_{1t}^{13s} + \gamma_2 D_{2t}^{13s} + \cdots + \gamma_9 D_{9t}^{13s} \qquad (5-15)$$

其中，FD_t^{13s} 为京津冀 13 市金融支持 9 个指标第 t 年耦合协调度加权求和得到的综合耦合协调度指数，用来测量京津冀 13 市之间金融支持一体化综合发展情况；D_{1t}^{13s} 为京津冀 13 市金融支持第 1 个指标的耦合协调度；D_{2t}^{13s} 为京津冀 13 市金融支持第 2 个指标的耦合协调度；D_{9t}^{13s} 为京津冀 13 市金融支持第 9 个指标的耦合协调度；γ_1、γ_2 和 γ_9 为每个指标在测算综合耦合协调度指数时所占的权重，为了保证指标权重赋予的客观性，采用熵值赋权法对 9 个指标进行赋权，$\gamma_n \in [0, 1]$，$\gamma_1 + \gamma_2 + \cdots + \gamma_n = 1$，本书采用客观赋权法中的熵值法对金融支持各指标进行赋权（见表 5 – 3）。

（二）京津冀金融支持一体化单指标指数、分类指数及综合指数

采用耦合协调度来衡量京津冀金融支持一体化指数（Finance Integration Index，FII），一体化指数分为单指标一体化指数，为各个单指标的一体化指数；分类一体化指数分类指标下属的所有单指标加权求和的一体化指数；综合一体化指数为所有单指标加权求和的一体化指数。下面分别介绍单指标一体化指数、分类指标一体化指数和综合一体化指数。

京津冀 13 市金融支持一体化单指标指数为：

$$\mathrm{FII}_{it}^{13s} = \mathrm{FD}_{it}^{13s} \tag{5 – 16}$$

京津冀 13 市金融支持一体化分类指数为：

假设某分类指标下属 n 个指标，则京津冀 13 市金融支持一体化分类指数为：

$$\mathrm{FII}_{i(1-n)t}^{13s} = \gamma_1 \mathrm{FD}_{1t}^{13s} + \gamma_2 \mathrm{FD}_{2t}^{13s} + \cdots + \gamma_n \mathrm{FD}_{nt}^{13s} \tag{5 – 17}$$

其中，FD_{1t}^{13s}，FD_{2t}^{13s}，$\cdots$，FD_{nt}^{13s} 为该分类指标下属的每个单指标的一体化指数；γ_1，γ_2，$\cdots$，γ_n 每个单指标一体化指数在加权求和分类一体化指数时的权重，每个指标权重根据熵权法赋权，$\gamma_n \in [0, 1]$，$\gamma_1 + \gamma_2 + \cdots + \gamma_n = 1$。

京津冀 13 市金融支持一体化综合指数为：

$$\mathrm{FII}_{i(1-N)t}^{13s} = \gamma_1 \mathrm{FD}_{1t}^{13s} + \gamma_2 \mathrm{FD}_{2t}^{13s} + \cdots + \gamma_9 \mathrm{FD}_{9t}^{13s} \tag{5 – 18}$$

其中，FD_{1t}^{13s}，FD_{2t}^{13s}，$\cdots$，FD_{9t}^{13s} 为金融支持综合指标下属的每个一体化单指标指数；γ_1，γ_2，$\cdots$，γ_n 各个一体化单指标指数在加权求和一体化综合指数时的权重，每个指标权重根据熵权法赋权，$\gamma_n \in [0, 1]$，$\gamma_1 + \gamma_2 + \cdots + \gamma_n = 1$。

（三）京津冀 13 市金融支持一体化程度评价标准

金融支持一体化类型可以根据金融支持一体化指数取值范围划分为六类（见表5－3），当 0.8≤FII≤1 时，高度一体化；0.6≤FII＜0.8 时，比较一体化；当 0.5≤FII＜0.6 时，基本一体化，以上三种类型均为一体化状态。当 0.4≤FII＜0.5 时，不太一体化；当 0.2≤FII＜0.4 时，未一体化；当 0≤FII＜0.2 时，极不一体化，以上三种类型均处于非一体化状态。

表 5－3 京津冀 13 市金融支持一体化程度评价标准

一体化指数取值范围	一体化状态	一体化等级	一体化程度
0.8≤FII≤1		Ⅵ	高度一体化
0.6≤FII＜0.8	一体化	Ⅴ	较高一体化
0.5≤FII＜0.6		Ⅳ	中高一体化
0.4≤FII＜0.5		Ⅲ	中低一体化
0.2≤FII＜0.4	非一体化	Ⅱ	较低一体化
0≤FII＜0.2		Ⅰ	低度一体化

四、基于熵值赋权法的金融支持指标权重

本书采用客观评价法中的熵值赋权法赋予金融支持指标权重，根据熵值法的计算方法，计算得出京津冀 13 市金融支持综合指数的权重，综合指数下属 9 个指标，每个指标 2006~2018 年权重如表5－4所示，9 个指标各年的权重之和为 1。

表 5－4 2006~2018 年金融支持综合指数各指标权重

指标	2006 年	2007 年	2008 年	2009 年	2010 年	2011 年	2012 年
固定资产投资 y_1	0.13	0.08	0.07	0.08	0.08	0.10	0.08
财政支出 y_2	0.19	0.19	0.18	0.16	0.17	0.17	0.15
贷款总额 y_3	0.21	0.22	0.20	0.19	0.19	0.19	0.18

续表

指标	2006 年	2007 年	2008 年	2009 年	2010 年	2011 年	2012 年
多元融资 y_4	0.12	0.12	0.11	0.14	0.14	0.14	0.17
基础投资 y_5	0.06	0.07	0.08	0.10	0.07	0.05	0.07
存贷比 y_6	0.05	0.06	0.07	0.07	0.07	0.08	0.07
边际资本生产率 y_7	0.03	0.03	0.05	0.04	0.06	0.05	0.09
城镇化率 y_8	0.17	0.17	0.18	0.18	0.18	0.18	0.17
项目建成投产率 y_9	0.04	0.05	0.05	0.04	0.04	0.03	0.02
指标	2013 年	2014 年	2015 年	2016 年	2017 年	2018 年	
固定资产投资 y_1	0.08	0.10	0.08	0.09	0.09	0.10	
财政支出 y_2	0.16	0.16	0.16	0.16	0.10	0.11	
贷款总额 y_3	0.18	0.18	0.17	0.18	0.21	0.25	
多元融资 y_4	0.22	0.16	0.18	0.13	0.17	0.14	
基础投资 y_5	0.05	0.06	0.09	0.10	0.08	0.07	
存贷比 y_6	0.06	0.06	0.04	0.05	0.06	0.07	
边际资本生产率 y_7	0.07	0.09	0.10	0.14	0.14	0.07	
城镇化率 y_8	0.15	0.16	0.16	0.13	0.13	0.15	
项目建成投产率 y_9	0.02	0.02	0.02	0.02	0.03	0.03	

京津冀 13 市金融支持包括三个分类指数。其中，金融支持规模分类指数下属 $x_1 \sim x_3$ 共计 3 个指标，3 个指标的权重之和为 1。同理，金融支持结构分类指数下属 $x_4 \sim x_6$ 共计 3 个指标，金融支持效率分类指数下属 $x_7 \sim x_9$ 共计 3 个指标，各分类一体化指数下属 3 个指标的权重之和均为 1（见表 5 -5）。

表 5 -5 　　　　　　2006 ~ 2018 年金融支持分类指数各指标权重

指标	2006 年	2007 年	2008 年	2009 年	2010 年	2011 年	2012 年
固定资产投资 y_1	0.25	0.17	0.16	0.18	0.18	0.22	0.19
财政支出 y_2	0.35	0.39	0.40	0.38	0.39	0.37	0.38
贷款总额 y_3	0.40	0.44	0.44	0.44	0.43	0.41	0.44

指标	2006 年	2007 年	2008 年	2009 年	2010 年	2011 年	2012 年
多元融资 y_4	0.52	0.47	0.41	0.46	0.49	0.52	0.55
基础投资 y_5	0.25	0.28	0.31	0.33	0.25	0.19	0.21
存贷比 y_6	0.23	0.25	0.28	0.21	0.26	0.29	0.24
边际资本生产率 y_7	0.12	0.12	0.17	0.17	0.21	0.19	0.32
城镇化率 y_8	0.70	0.68	0.64	0.69	0.64	0.69	0.60
项目建成投产率 y_9	0.18	0.20	0.19	0.14	0.15	0.12	0.07
指标	2013 年	2014 年	2015 年	2016 年	2017 年	2018 年	
固定资产投资 y_1	0.20	0.23	0.19	0.20	0.22	0.21	
财政支出 y_2	0.38	0.37	0.39	0.38	0.25	0.24	
贷款总额 y_3	0.42	0.40	0.42	0.41	0.52	0.55	
多元融资 y_4	0.65	0.58	0.58	0.44	0.55	0.50	
基础投资 y_5	0.16	0.19	0.29	0.37	0.26	0.25	
存贷比 y_6	0.19	0.23	0.14	0.18	0.20	0.25	
边际资本生产率 y_7	0.29	0.33	0.35	0.49	0.46	0.29	
城镇化率 y_8	0.61	0.59	0.57	0.43	0.45	0.59	
项目建成投产率 y_9	0.10	0.08	0.08	0.07	0.09	0.12	

第二节　京津冀 13 市金融支持水平测度

一、京津冀 13 市金融支持综合水平

从 2006～2018 年京津冀 13 市金融支持综合指数均值来看（见表 5－6），综合指数均值最大的是北京（0.63），北京的金融支持整体水平高于其他地区；其次是天津，综合指数均值为 0.58，在考察期内整体处于中高发展水平；考察期内综合指数均值处于中低发展水平的分别是唐山（0.42）、张家口（0.41）和石家庄（0.41）；秦皇岛、承德、廊坊、沧州、邯郸、保定、邢台和衡水的综合指数均值均为 0.20～0.40，在考察期内整体处于较低发展水平。

表 5 - 6　　　　　　　2006～2018 年京津冀 13 市金融支持综合指数

地区	2006 年	2007 年	2008 年	2009 年	2010 年	2011 年	2012 年	2013 年
北京	0.58	0.59	0.55	0.56	0.62	0.62	0.59	0.63
天津	0.49	0.50	0.54	0.56	0.54	0.55	0.61	0.61
石家庄	0.28	0.41	0.37	0.36	0.35	0.41	0.33	0.36
唐山	0.31	0.33	0.33	0.34	0.39	0.42	0.40	0.42
秦皇岛	0.33	0.28	0.23	0.29	0.35	0.40	0.40	0.38
邯郸	0.27	0.27	0.27	0.29	0.30	0.29	0.35	0.33
邢台	0.17	0.26	0.23	0.28	0.32	0.31	0.26	0.27
保定	0.26	0.28	0.31	0.32	0.24	0.24	0.24	0.30
张家口	0.31	0.32	0.40	0.36	0.36	0.34	0.38	0.39
承德	0.22	0.28	0.27	0.24	0.30	0.34	0.32	0.39
沧州	0.37	0.31	0.32	0.35	0.37	0.30	0.26	0.31
廊坊	0.28	0.25	0.32	0.31	0.29	0.33	0.34	0.38
衡水	0.18	0.16	0.26	0.28	0.23	0.26	0.24	0.23

地区	2014 年	2015 年	2016 年	2017 年	2018 年	均值	排名	
北京	0.60	0.63	0.70	0.72	0.76	0.63	1	
天津	0.63	0.63	0.66	0.60	0.62	0.58	2	
石家庄	0.39	0.41	0.45	0.55	0.61	0.41	5	
唐山	0.43	0.44	0.47	0.58	0.63	0.42	3	
秦皇岛	0.41	0.46	0.44	0.59	0.54	0.39	6	
邯郸	0.33	0.36	0.38	0.43	0.52	0.34	10	
邢台	0.25	0.36	0.42	0.50	0.57	0.32	12	
保定	0.30	0.42	0.34	0.50	0.58	0.33	11	
张家口	0.35	0.42	0.50	0.57	0.62	0.41	4	
承德	0.45	0.48	0.57	0.60	0.62	0.39	7	
沧州	0.36	0.40	0.41	0.46	0.50	0.36	9	
廊坊	0.40	0.44	0.47	0.52	0.58	0.38	8	
衡水	0.28	0.35	0.45	0.45	0.48	0.29	13	

图 5－1 为京津冀 13 市 2006 年和 2018 年金融支持综合指数对比图。从 2006 年金融支持综合指数数据可以看出，北京的综合指数在京津冀 13 市中最高，为 0.58，处于中高发展水平；其次是天津，指数值为 0.49，处于中低发展水平；沧州、秦皇岛、张家口、唐山、廊坊、石家庄、邯郸、保定和承德为 0.2～0.4，处于较低发展水平；最后是衡水和邢台，指数值小于 0.2，为低度发展水平。从 2018 年最新金融支持综合指数数据来看，北京、唐山、张家口、承德、天津和石家庄 6 个城市的指数值均超过 0.6，处于较高发展水平；廊坊、保定、邢台、秦皇岛、邯郸和沧州的指数值均超过 0.5，为中高发展水平；衡水的指数值相对最低（0.48），处于中低发展水平。

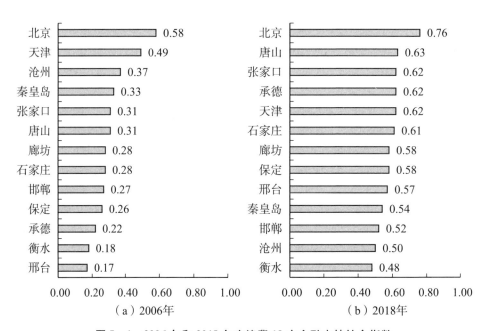

（a）2006 年　　　　　　　　（b）2018 年

图 5－1　2006 年和 2018 年京津冀 13 市金融支持综合指数

从 2018 年较 2006 年京津冀 13 市金融支持综合指数增加值来看（见图 5－2），京津冀 13 市的指数均不断上升，所有城市增加值均为正。其中，邢台和承德的综合指数增加值超过 0.4，在所有城市中金融支持水平提升幅度最大；其次是石家庄、保定、张家口、唐山、衡水和廊坊，其增加值为 0.3～0.4，有较大幅度的提升，但是与承德和邢台的提升幅度相比还有一定的差距；再次是邯郸和秦皇岛，其增加值为 0.2~0.3；最后是北京、天津和沧州，其金融支持提升水平相对最低。从各个城市金融支持水平增加值可以看出城市金融支持水平的提升程度，河北 10 市（沧州除外）的增加值均超过京津地区，这在很大程度上说明了在京津冀协同发展战略的推动作用下，河北地区基础设施金融支持水平得到了较大幅度提升，金融支持协同水平的提升是促进基础设施一体化的金融支撑要素。

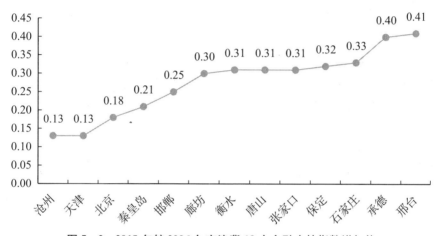

图 5 - 2　2018 年较 2006 年京津冀 13 市金融支持指数增加值

二、京津冀 13 市金融支持分类水平

（一）金融支持规模发展水平

从 2006~2018 年京津冀 13 市金融支持规模指数均值来看（见表 5 - 7），规模指数均值最大的是北京和天津（0.65），京津地区金融支持规模整体水平高于河北地区；其次是唐山，规模指数均值为 0.43，整体上处于中低发展水平；考察期内规模指数均值处于较低发展水平的分别是廊坊（0.36）、秦皇岛（0.35）、承德（0.34）、石家庄（0.34）、张家口（0.32）、沧州（0.30）、邯郸（0.29）、保定（0.25）、邢台（0.24）和衡水（0.23）。

表 5 – 7　　　　　　2006～2018 年京津冀 13 市金融支持规模指数

地区	2006 年	2007 年	2008 年	2009 年	2010 年	2011 年	2012 年	2013 年
北京	0.51	0.55	0.49	0.53	0.55	0.57	0.61	0.65
天津	0.31	0.36	0.43	0.53	0.59	0.65	0.69	0.75
石家庄	0.11	0.15	0.17	0.23	0.25	0.27	0.32	0.35
唐山	0.11	0.17	0.23	0.31	0.36	0.38	0.44	0.48
秦皇岛	0.07	0.12	0.16	0.21	0.28	0.35	0.43	0.44
邯郸	0.04	0.08	0.11	0.17	0.21	0.25	0.31	0.33
邢台	0.02	0.06	0.07	0.12	0.15	0.16	0.22	0.26
保定	0.01	0.04	0.06	0.11	0.16	0.19	0.24	0.28
张家口	0.03	0.08	0.12	0.20	0.24	0.28	0.33	0.36
承德	0.05	0.10	0.15	0.20	0.25	0.28	0.35	0.41
沧州	0.03	0.07	0.09	0.13	0.18	0.21	0.27	0.33
廊坊	0.10	0.18	0.23	0.29	0.20	0.24	0.29	0.34
衡水	0.04	0.02	0.03	0.07	0.11	0.15	0.18	0.25
地区	2014 年	2015 年	2016 年	2017 年	2018 年	均值	排名	
北京	0.68	0.73	0.77	0.84	0.90	0.65	1	
天津	0.80	0.83	0.86	0.82	0.81	0.65	1	
石家庄	0.39	0.44	0.46	0.62	0.70	0.34	7	
唐山	0.51	0.56	0.60	0.66	0.73	0.43	3	
秦皇岛	0.46	0.48	0.48	0.52	0.57	0.35	5	
邯郸	0.38	0.47	0.51	0.45	0.48	0.29	10	
邢台	0.30	0.37	0.42	0.47	0.55	0.24	12	
保定	0.32	0.37	0.44	0.50	0.52	0.25	11	
张家口	0.39	0.44	0.48	0.55	0.62	0.32	8	
承德	0.44	0.48	0.51	0.60	0.66	0.34	6	
沧州	0.38	0.45	0.50	0.58	0.63	0.30	9	
廊坊	0.30	0.51	0.61	0.71	0.73	0.36	4	
衡水	0.32	0.38	0.44	0.49	0.56	0.23	13	

图 5 - 3 为 2006 年和 2018 年京津冀 13 市金融支持规模指数对比图。从 2006 年金融支持规模指数数据可以看出，北京的规模指数在 13 市中最高，为 0.51，处于中高发展水平；其次是天津，指数值为 0.31，处于较低发展水平；河北 11 市的指数值均低于 0.2，为低度发展水平。从 2018 年最新金融支持规模指数数据来看，北京的规模指数值为 0.90，天津紧随其后（0.81），两市金融支持规模均达到高发展水平；其次是廊坊、唐山、石家庄、承德、沧州和张家口，6 市的指数值为 0.6 ~ 0.8，达到较高发展水平；再次是秦皇岛、衡水、邢台和保定，指数值为 0.5 ~ 0.6，处于中高发展水平；邯郸的指数值为 0.48，相对于其他城市最低，为中低发展水平。

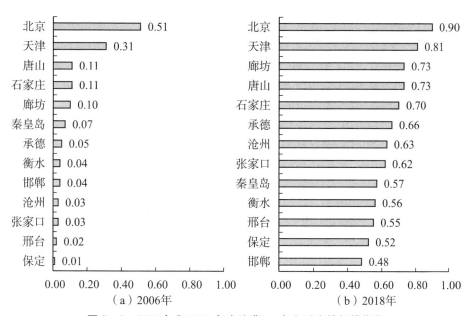

图 5 - 3　2006 年和 2018 年京津冀 13 市金融支持规模指数

从 2018 年较 2006 年京津冀 13 市金融支持规模指数的增加值来看（见图 5 -4），京津冀 13 市的指数均不断上升，所有城市增加值均为正。其中，廊坊、唐山、承德和沧州的规模指数增加值超过或等于 0.6，在所有城市中金融支持规模水平提升幅度最大；其次是石家庄、张家口、邢台、衡水、保定、天津和秦皇岛 6 个城市，增加值为 0.5 ~ 0.6，有较大幅度的提升；再次是邯郸

（0.44）；最后是北京（0.39），其金融支持规模提升水平相对最低。从金融支持规模指数增长趋势来看，河北9市的增加值高于京津两市，天津的增加值高于北京，13市之间金融支持规模水平协调程度逐步提升。

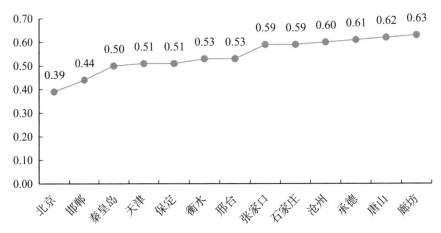

图5－4   2018年较2006年京津冀13市能源金融支持指数增加值

（二）金融支持结构发展水平

从2006～2018年京津冀13市金融支持结构指数考察期内的均值来看（见表5－8），金融支持结构指数均值最大的是北京和张家口两个城市，在考察期内的均值分别为0.58和0.55，金融支持结构整体优于其他10个城市，为中高发展水平；其次是天津和承德，结构指数均值分别为0.49和0.44，整体上处于中低发展水平；考察期内的结构指数均值处于较低发展水平的分别是秦皇岛（0.36）、唐山（0.35）、保定（0.32）、石家庄（0.31）、沧州（0.30）、邢台（0.30）、邯郸（0.28）、廊坊（0.25）和衡水（0.24）。

表5－8   2006～2018年京津冀13市金融支持结构指数

地区	2006年	2007年	2008年	2009年	2010年	2011年	2012年	2013年
北京	0.69	0.68	0.56	0.58	0.50	0.47	0.63	0.55
天津	0.76	0.80	0.61	0.64	0.48	0.34	0.37	0.35
石家庄	0.49	0.45	0.25	0.29	0.29	0.32	0.12	0.16

地区	2006 年	2007 年	2008 年	2009 年	2010 年	2011 年	2012 年	2013 年
唐山	0.52	0.45	0.26	0.45	0.49	0.31	0.25	0.28
秦皇岛	0.48	0.37	0.23	0.18	0.40	0.41	0.33	0.20
邯郸	0.33	0.20	0.19	0.25	0.31	0.36	0.35	0.29
邢台	0.20	0.38	0.34	0.30	0.31	0.37	0.21	0.22
保定	0.39	0.42	0.48	0.27	0.18	0.21	0.10	0.26
张家口	0.63	0.66	0.77	0.79	0.57	0.46	0.41	0.30
承德	0.22	0.33	0.27	0.29	0.34	0.24	0.28	0.40
沧州	0.63	0.46	0.33	0.34	0.35	0.36	0.10	0.12
廊坊	0.39	0.20	0.13	0.16	0.27	0.16	0.23	0.34
衡水	0.41	0.24	0.30	0.49	0.22	0.06	0.11	0.06

地区	2014 年	2015 年	2016 年	2017 年	2018 年	均值	排名	
北京	0.47	0.46	0.58	0.69	0.75	0.58	1	
天津	0.30	0.28	0.44	0.50	0.55	0.49	3	
石家庄	0.22	0.18	0.32	0.40	0.47	0.31	8	
唐山	0.28	0.24	0.24	0.36	0.45	0.35	6	
秦皇岛	0.27	0.34	0.28	0.62	0.60	0.36	5	
邯郸	0.20	0.12	0.21	0.36	0.51	0.28	11	
邢台	0.05	0.16	0.31	0.45	0.60	0.30	10	
保定	0.22	0.31	0.16	0.53	0.63	0.32	7	
张家口	0.26	0.29	0.52	0.67	0.75	0.55	2	
承德	0.48	0.57	0.84	0.73	0.68	0.44	4	
沧州	0.28	0.15	0.15	0.26	0.40	0.30	9	
廊坊	0.34	0.12	0.14	0.32	0.52	0.25	12	
衡水	0.05	0.23	0.40	0.24	0.27	0.24	13	

图 5 - 5 为 2006 年和 2018 年京津冀 13 市金融支持结构指数对比图。从 2006 年金融支持结构指数数据可以看出，天津的结构指数在京津冀 13 市中最高，达到 0.76，北京、张家口和沧州的指数值为 0.6~0.7，以上 4 个城市均

处于较高发展水平；其次是唐山，指数值为 0.52，处于中高发展水平；再次是石家庄、秦皇岛和衡水，其指数值为 0.4 ~ 0.5，处于中低发展水平；最后是保定、廊坊、邯郸、承德和邢台，其指数值为 0.2 ~ 0.4，处于较低发展水平。从 2018 年最新金融支持结构指数数据来看，北京和唐山的结构指数值达到 0.75，承德、保定、秦皇岛和邢台为 0.6 ~ 0.7，以上 6 个城市均达到较高发展水平；其次是天津、廊坊和邯郸，其指数值为 0.5 ~ 0.6，处于中高发展水平；再次是石家庄、唐山和沧州，其指数值为 0.4 ~ 0.5，处于中低发展水平；衡水的指数值为 0.27，相对于其他城市最低，处于较低发展水平。

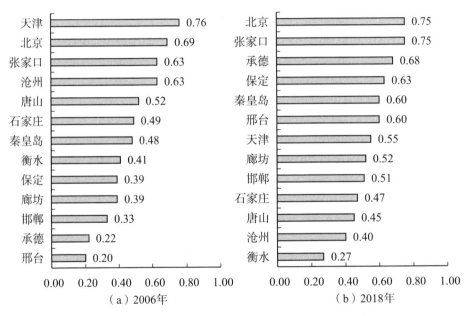

图 5 - 5　2006 年和 2018 年京津冀 13 市金融支持结构指数

从 2018 年较 2006 年京津冀 13 市金融支持结构指数增加值来看（见图 5 - 6），8 市的指数均不断上升，石家庄、唐山、衡水、天津和沧州下降。其中，承德和邢台的指数增加值分别达到 0.47 和 0.40，在所有城市中金融支持结构水平提升幅度最大；其次是保定，增加值为 0.23，有较大幅度的提升；再次是邯郸（0.18）、廊坊（0.13）、秦皇岛（0.12）、张家口（0.12）和北京（0.06）；最后是石家庄（- 0.03）、唐山（- 0.07）、衡水（- 0.14）、天津

（-0.21）和沧州（-0.23），金融支持结构水平均出现下降。

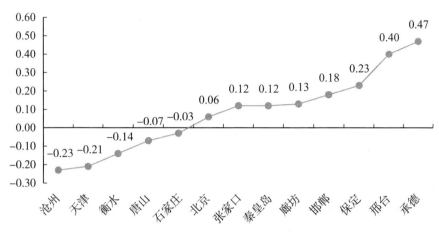

图 5 - 6　2018 年较 2006 年京津冀 13 市能源金融支持指数增加值

（三）金融支持效率发展水平

从 2006～2018 年京津冀 13 市金融支持效率指数均值来看（见表 5 - 9），效率指数均值最大的是北京，在考察期内的均值分别为 0.64，金融支持效率整体上优于其他 12 个城市，为较高发展水平；其次是天津和石家庄两市，其效率指数均值分别为 0.57 和 0.54，整体上处于中高发展水平；在考察期内效率指数均值处于中低发展水平的分别是沧州、廊坊、唐山、秦皇岛、保定、邢台、邯郸、承德和张家口，9 个城市在考察期内整体上处于中低发展水平；衡水的指数值相对最低（0.39），在考察期内整体处于较低发展水平。

表 5 - 9　　　　　　　　2006～2018 年京津冀 13 市金融支持效率指数

地区	2006 年	2007 年	2008 年	2009 年	2010 年	2011 年	2012 年	2013 年
北京	0.57	0.58	0.60	0.56	0.76	0.77	0.54	0.68
天津	0.49	0.43	0.61	0.55	0.54	0.60	0.69	0.65
石家庄	0.32	0.64	0.64	0.55	0.50	0.62	0.49	0.49
唐山	0.38	0.42	0.48	0.29	0.35	0.53	0.46	0.45
秦皇岛	0.49	0.37	0.32	0.45	0.40	0.45	0.43	0.43

续表

地区	2006 年	2007 年	2008 年	2009 年	2010 年	2011 年	2012 年	2013 年
邯郸	0.46	0.50	0.47	0.45	0.37	0.28	0.37	0.34
邢台	0.29	0.38	0.30	0.43	0.49	0.42	0.34	0.32
保定	0.41	0.43	0.44	0.56	0.36	0.33	0.33	0.35
张家口	0.36	0.33	0.43	0.23	0.34	0.32	0.40	0.49
承德	0.40	0.42	0.40	0.26	0.31	0.48	0.30	0.36
沧州	0.55	0.45	0.54	0.58	0.56	0.34	0.36	0.43
廊坊	0.39	0.35	0.53	0.44	0.39	0.53	0.45	0.45
衡水	0.17	0.24	0.46	0.34	0.37	0.50	0.37	0.32

地区	2014 年	2015 年	2016 年	2017 年	2018 年	均值	排名	
北京	0.60	0.64	0.72	0.63	0.63	0.64	1	
天津	0.70	0.65	0.60	0.44	0.47	0.57	2	
石家庄	0.51	0.54	0.53	0.57	0.62	0.54	3	
唐山	0.44	0.45	0.50	0.63	0.64	0.46	6	
秦皇岛	0.44	0.52	0.52	0.63	0.48	0.46	7	
邯郸	0.36	0.42	0.36	0.47	0.57	0.42	10	
邢台	0.33	0.47	0.51	0.57	0.58	0.42	9	
保定	0.33	0.54	0.37	0.48	0.60	0.43	8	
张家口	0.38	0.48	0.51	0.51	0.53	0.41	12	
承德	0.45	0.42	0.44	0.53	0.54	0.41	11	
沧州	0.41	0.52	0.49	0.47	0.43	0.47	4	
廊坊	0.53	0.59	0.54	0.46	0.46	0.47	5	
衡水	0.39	0.39	0.49	0.54	0.55	0.39	13	

图 5 - 7 为 2006 年和 2018 年京津冀 13 市金融支持效率指数对比图。从 2006 年金融支持效率指数数据可以看出，北京和沧州的效率指数在京津冀 13 市中最高，分别为 0.57 和 0.55，处于中高发展水平；其次是天津、秦皇岛、邯郸、保定和承德，其指数值为 0.4 ~ 0.5，处于中低发展水平；再次是廊坊、唐山、张家口、石家庄和邢台，其指数值为 0.2 ~ 0.4，处于较低发展水平；

最后是衡水，指数值低于0.2，处于低度发展水平。从2018年最新金融支持效率指数数据来看，唐山、北京、石家庄和保定的效率指数值超过0.6，达到较高发展水平；其次是邢台、邯郸、衡水、承德和张家口，其指数值为0.5~0.6，处于中高发展水平；再次是秦皇岛、天津、廊坊和沧州，其指数值为0.4~0.5，处于中低发展水平。

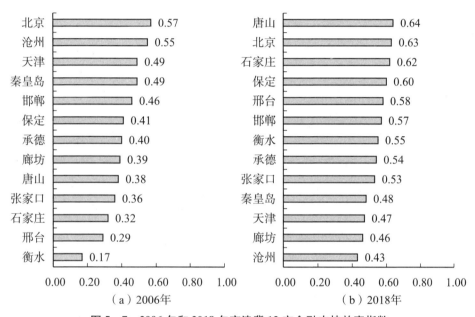

图5-7　2006年和2018年京津冀13市金融支持效率指数

从2018年较2006年京津冀13市金融支持效率指数增加值来看（见图5-8），10市指数均不断上升，3市（秦皇岛、天津和沧州）出现小幅下降。其中，衡水和石家庄的指数增加值超过0.3，在所有城市中金融支持效率水平提升幅度最大；其次是邢台和唐山，其增加值为0.2~0.3，有较大幅度的提升；再次是保定（0.19）、张家口（0.17）、承德（0.14）和邯郸，其增加值为0.1~0.2，廊坊和北京小幅增长，但增加值均小于0.1；最后是秦皇岛（-0.01）、天津（-0.02）和沧州（-0.11），其金融支持效率水平略有下降。

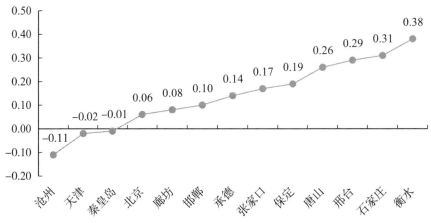

图 5 - 8　2018 年较 2006 年京津冀 13 市金融支持效率指数增加值

第三节　京津冀 13 市金融支持一体化程度评估

一、京津冀 13 市金融支持综合一体化程度

2006～2018 年京津冀 13 市金融支持综合一体化指数整体上呈现出不断上升趋势，说明 2006 年以来京津冀 13 市金融支持综合一体化程度不断提高。从京津冀 13 市一体化等级可以明显看出（见表 5 - 10），一体化等级在 2006 年为第Ⅲ级，2007～2013 年转变为第Ⅳ级，2014～2018 年上升为第Ⅴ级，达到比较一体化程度，13 市基础设施一体化发展趋势呈现出不断上升的趋势。从金融支持分类一体化单个指数来看，金融支持规模一体化指数呈现出明显的逐年上升趋势，在 3 个单指数一体化程度上升速度最快，一体化程度最高；金融支持结构一体化指数呈现出先下降后上升的趋势，2006～2014 年整体呈现出下降趋势，2015～2018 年呈现明显上升趋势；金融支持效率一体化指数从 0.51 上升到 0.68，提升速度在三个单指标一体化指数中处于中间位置，一体化程度在 3 个指数中则相对最低。

表 5 – 10 　　　2006 ~ 2018 年京津冀 13 市金融支持一体化综合指数

指数	2006 年	2007 年	2008 年	2009 年	2010 年	2011 年	2012 年
综合一体化 $\mathrm{II}^{13s}_{i(1-12)t}$	0.48	0.51	0.53	0.56	0.58	0.59	0.57
一体化等级	Ⅲ	Ⅳ	Ⅳ	Ⅳ	Ⅳ	Ⅳ	Ⅳ
规模一体化 $\mathrm{II}^{13s}_{i(1-3)t}$	0.24	0.31	0.36	0.44	0.48	0.52	0.57
结构一体化 $\mathrm{II}^{13s}_{i(4-6)t}$	0.64	0.60	0.51	0.56	0.56	0.50	0.44
效率一体化 $\mathrm{II}^{13s}_{i(7-9)t}$	0.51	0.56	0.63	0.60	0.62	0.65	0.59
指数	2013 年	2014 年	2015 年	2016 年	2017 年	2018 年	
综合一体化 $\mathrm{II}^{13s}_{i(1-12)t}$	0.60	0.60	0.63	0.67	0.72	0.76	
一体化等级	Ⅳ	Ⅴ	Ⅴ	Ⅴ	Ⅴ	Ⅴ	
规模一体化 $\mathrm{II}^{13s}_{i(1-3)t}$	0.61	0.64	0.69	0.72	0.76	0.79	
结构一体化 $\mathrm{II}^{13s}_{i(4-6)t}$	0.45	0.43	0.44	0.50	0.64	0.69	
效率一体化 $\mathrm{II}^{13s}_{i(7-9)t}$	0.62	0.61	0.64	0.65	0.67	0.68	

二、京津冀 13 市金融支持分类一体化程度

(一) 金融支持规模一体化程度

2006 ~ 2018 年京津冀 13 市金融支持规模一体化指数整体上呈现出不断上升趋势，京津冀 13 市能源一体化程度不断提高，2018 年规模一体化指数达到 0.79，接近高度一体化程度。从单指标一体化指数来看（见表 5 – 11），固定资产投资一体化呈现出明显的上升趋势，2006 ~ 2018 年指数值从 0.28 上升到 0.84，在 3 个单指标一体化指数中提升速度最快，一体化程度最高，2017 ~ 2018 年达到高度一体化程度；财政支出一体化指数从 0.22 上升到 0.77，2013 ~ 2018 年开始进入比较一体化阶段；贷款总额一体化指数从 0.20 上升到 0.77，同样呈现出明显的上升趋势，2015 年开始进入比较一体化阶段。

表 5 - 11   2006 ~ 2018 年京津冀 13 市金融支持规模一体化指数

指数	2006 年	2007 年	2008 年	2009 年	2010 年	2011 年	2012 年
规模一体化 $\mathrm{II}^{13s}_{i(1-3)t}$	0.24	0.31	0.36	0.44	0.48	0.52	0.57
一体化等级	II	II	II	III	III	IV	IV
固定资产 II^{13s}_{1t}	0.28	0.40	0.45	0.53	0.56	0.57	0.63
一体化等级	II	II	III	IV	IV	IV	V
财政支出 II^{13s}_{2t}	0.22	0.29	0.35	0.41	0.47	0.54	0.59
一体化等级	II	II	II	III	III	IV	IV
贷款额 II^{13s}_{3t}	0.20	0.24	0.26	0.36	0.41	0.46	0.50
一体化等级	II	II	II	II	III	III	IV
指数	2013 年	2014 年	2015 年	2016 年	2017 年	2018 年	
规模一体化 $\mathrm{II}^{13s}_{i(1-3)t}$	0.61	0.64	0.69	0.72	0.76	0.79	
一体化等级	V	V	V	V	V	V	
固定资产 II^{13s}_{1t}	0.67	0.70	0.75	0.78	0.82	0.84	
一体化等级	V	V	V	V	VI	VI	
财政支出 II^{13s}_{2t}	0.61	0.64	0.69	0.72	0.73	0.77	
一体化等级	V	V	V	V	V	V	
贷款额 II^{13s}_{3t}	0.55	0.59	0.63	0.67	0.73	0.77	
一体化等级	IV	IV	V	V	V	V	

（二）金融支持结构一体化程度

2006 ~ 2018 年京津冀 13 市金融支持结构一体化指数整体上呈现出微弱上升趋势，2014 年及之前不断下降，2015 年之后开始上升。从单指标一体化指数来看（见表 5 - 12），多元化融资一体化指数从 0.70 下降到 0.59，金融支持结构一体化程度呈现出下降趋势。从一体化指数构建原则可知，这主要是因为多数城市金融支持结构水平的下降，大多城市金融支持结构水平较低导致；基础设施投资一体化指数从 0.58 上升到 0.79，呈现出较为明显的上升趋势，大多城市基础设施投资比重不断上升，对基础设施投资的重视程度加大。

表 5 - 12　　　　　**2006 ~ 2018 年京津冀 13 市金融支持结构一体化指数**

指数	2006 年	2007 年	2008 年	2009 年	2010 年	2011 年	2012 年
结构一体化 $II_{i(4-6)t}^{13s}$	0.64	0.60	0.51	0.56	0.56	0.50	0.44
一体化等级	Ⅴ	Ⅳ	Ⅳ	Ⅳ	Ⅳ	Ⅲ	Ⅲ
多元融资 II_{4t}^{13s}	0.70	0.64	0.59	0.57	0.52	0.46	0.35
一体化等级	Ⅴ	Ⅴ	Ⅳ	Ⅳ	Ⅳ	Ⅲ	Ⅱ
基础投资 II_{5t}^{13s}	0.58	0.56	0.43	0.56	0.59	0.53	0.52
一体化等级	Ⅳ	Ⅳ	Ⅲ	Ⅳ	Ⅳ	Ⅳ	Ⅳ

指数	2013 年	2014 年	2015 年	2016 年	2017 年	2018 年	
结构一体化 $II_{i(4-6)t}^{13s}$	0.45	0.43	0.44	0.50	0.64	0.69	
一体化等级	Ⅲ	Ⅲ	Ⅲ	Ⅳ	Ⅴ	Ⅴ	
多元融资 II_{4t}^{13s}	0.34	0.33	0.31	0.41	0.54	0.59	
一体化等级	Ⅱ	Ⅱ	Ⅱ	Ⅲ	Ⅳ	Ⅳ	
基础投资 II_{5t}^{13s}	0.56	0.53	0.58	0.60	0.73	0.79	
一体化等级	Ⅳ	Ⅳ	Ⅳ	Ⅳ	Ⅴ	Ⅴ	

（三）金融支持效率一体化程度

2006 ~ 2018 年京津冀 13 市金融支持效率一体化指数从 0.51 上升到 0.68，整体上呈现出不断上升趋势，一体化程度不断提高。从京津冀 13 市一体化等级可以看出（见表 5 - 13），2006 ~ 2007 年为中高的第Ⅳ级，从 2008 年开始从中高一体化程度进入到较高一体化程度，京津冀 13 市之间一体化程度整体较高。从单指标一体化指数来看，2006 ~ 2018 年边际生产率一体化指数从 0.74 下降到 0.41，整体呈现出卜降趋势，这主要是因为绝大多数城市边际资本生产率呈现出下降趋势；城镇化率一体化指数从 0.24 上升到 0.80，一体化发展速度最快，一体化程度次于项目建成投产率一体化程度，高于边际生产率一体化程度；项目建成投产率一体化指数从 0.56 上升到 0.83，一体化等级不断上升，2013 ~ 2018 年达到高度一体化程度，大多城市项目建成投产率不断上升，城市之间的协同发展水平也在提升。

表 5 - 13　　　2006 ~ 2018 年京津冀 13 市金融支持效率一体化指数

指数	2006 年	2007 年	2008 年	2009 年	2010 年	2011 年	2012 年
效率一体化 $\mathrm{II}^{13s}_{i(7-9)t}$	0.51	0.56	0.63	0.60	0.62	0.65	0.59
一体化等级	IV	IV	V	V	V	V	IV
边际生产率 II^{13s}_{7t}	0.74	0.78	0.79	0.56	0.69	0.74	0.51
一体化等级	V	V	V	IV	V	V	IV
城镇化率 II^{13s}_{8t}	0.24	0.34	0.41	0.47	0.51	0.55	0.58
一体化等级	II	II	III	III	IV	IV	IV
建成投产率 II^{13s}_{9t}	0.56	0.55	0.69	0.78	0.65	0.67	0.68
一体化等级	IV	IV	V	V	V	V	V

指数	2013 年	2014 年	2015 年	2016 年	2017 年	2018 年	
效率一体化 $\mathrm{II}^{13s}_{i(7-9)t}$	0.62	0.61	0.64	0.65	0.67	0.68	
一体化等级	V	V	V	V	V	V	
边际生产率 II^{13s}_{7t}	0.43	0.36	0.34	0.38	0.40	0.41	
一体化等级	III	II	II	II	II	III	
城镇化率 II^{13s}_{8t}	0.62	0.65	0.69	0.74	0.77	0.80	
一体化等级	V	V	V	V	V	V	
建成投产率 II^{13s}_{9t}	0.81	0.83	0.89	0.84	0.84	0.83	
一体化等级	VI	VI	VI	VI	VI	VI	

第四节　基于金融支持视角的基础设施及其一体化程度提升的原因分析

一、京津冀金融支持水平提升为基础设施水平提升提供了资金支持条件

2006 ~ 2018 年，京津冀 13 市基础设施综合水平指数从 0.27 提升到 0.57（见图 5 - 9），京津冀一体化战略的实施为基础设施发展提供了政策支

持，同时市场一体化为京津冀基础设施一体化提供了良好的经济支持，市场与政策因素共同促进了京津冀基础设施发展水平的提高，金融支持是其中重要的一个影响因素。从图5-9中可以看出，2006~2018年金融支持综合水平从0.31提升至0.59，金融支持水平的提升为基础设施的发展提供了良好的资金支持基础。

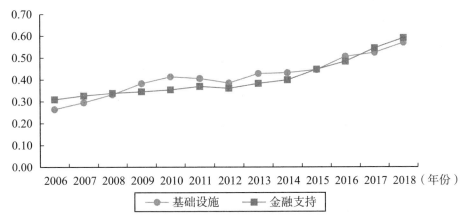

图5-9　2006~2018年京津冀13市金融支持与金融支持平均值

二、京津冀金融支持综合一体化程度提升是基础设施一体化提升的重要基础

2006~2018年京津冀13市基础设施综合一体化指数从0.41上升到0.72，呈现出不断上升的趋势（见图5-10），一体化程度相应地从中低一体化上升到较高一体化；同期金融支持综合一体化指数从0.48上升到0.76，一体化程度也由中低一体化上升到较高一体化。京津冀金融支持一体化程度的提高，为京津冀基础设施一体化程度提高奠定了资金基础条件。特别是2013年开始，京津冀金融支持一体化开始达到0.60的较高一体化程度，先于基础设施一体化达到较高发展水平，有效拉动了基础设施一体化发展。2016年，京津冀基础设施一体化也开始达到较高一体化程度，充分说明金融支持一体化对促进基础设施一体化起到了重要的拉动作用。

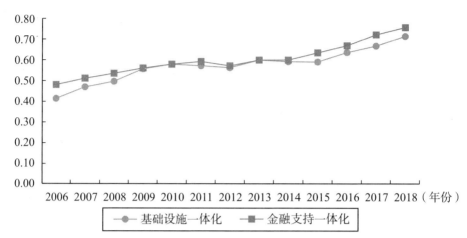

图 5 - 10　2006～2018 年京津冀 13 市基础设施与金融支持一体化综合指数平均值

三、金融支持结构和金融支持效率制约基础设施高度发展

无论是从地区内部的金融支持情况，还是从地区之间的金融支持一体化情况，我们都可以看出：地区内部金融支持规模分类指数及地区之间金融支持规模分类一体化指数均呈现出上升的趋势，说明京津冀金融支持基础设施的资金绝对数量在不断增加，从而促进了地区内部基础设施的发展及地区之间基础设施一体化的发展。

但是我们也要意识到以下几点问题：第一，金融支持结构分类指数及金融支持结构一体化指数呈现出下降的趋势，主要原因是多元化融资占比和基础设施投资占比呈现出下降的趋势，这说明虽然基础设施金融支持的绝对数额在增加，但是其资金来源单一，仍然依靠财政投入和银行贷款，依靠外资等多元化融资方面比例却在下降。同时，在固定资产投资总额中，基础设施投资占比也在下降。金融支持结构的下降趋势，说明了未来基础设施的金融支持面临着较大的问题。第二，金融支持效率分类指数及金融支持效率一体化分类指数虽然在提高，但是其下属的边际资本生产率却在逐渐下降。这与经济发展阶段有必然联系，基本所有国家都会经历边际资本生产率下降的趋势，我们不能违背经济社会发展的趋势，但是可以努力减缓下降的趋势，这也给未来基础设施建设投资效率带来新的挑战。

第五节 小 结

一、金融支持水平小结

(一) 金融支持综合水平提高,但未达高度水平

2006～2018 年京津冀 13 市金融支持综合指数均呈现出上升的趋势,说明 13 市金融支持基础设施的综合水平在不断提高,金融支持综合发展水平从较低等级向较高等级发展。京津冀金融支持发展水平的提高,为京津冀金融支持基础设施协同发展奠定了良好的资金支持条件。但是也要看到,2018 年京津冀 13 市金融支持水平综合指数均未达到高度一体化程度,金融支持综合水平最高的北京 2018 年综合指数值为 0.76,仅达到较高金融支持水平。

(二) 京津冀 13 市之间金融支持水平差距较为悬殊

从图 5-11 可以看出,2018 年北京的金融支持综合指数为 0.76,接近高发展水平,远高于其他城市;唐山、天津、张家口、承德和石家庄的综合指数超过 0.6,达到较高发展水平;保定、廊坊、邢台、秦皇岛、邯郸和沧州则超过 0.5,为中高发展水平;衡水仅为 0.48,为中低发展水平。由此可见,2018 年京津冀 13 市金融支持综合发展水平从较高到中低发展水平呈现梯度分布,各市之间发展水平差距较大。

(三) 京津冀 13 市间的金融支持水平差距逐步缩小

2006～2018 年京津冀 13 市之间金融支持差距在缩小,京津冀金融支持基础设施发展的协同发展水平在提升。从图 5-12 可以看出:2016 年 12 市相对北京偏差较高,绝对偏差为 0.29;2018 年,大多数城市相对北京偏差下降,仅少数城市相对偏差上升(天津和沧州),绝对偏差为 0.19。在大多数城市(10 个)相对北京偏差下降作用下,2018 年 12 个城市相对于北京绝对偏差下降 0.1,城市之间金融支持差距缩小。

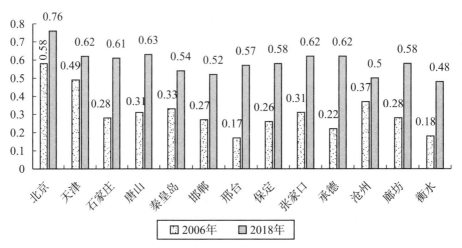

图 5 – 11　2006 年和 2018 年京津冀 13 市金融支持综合指数

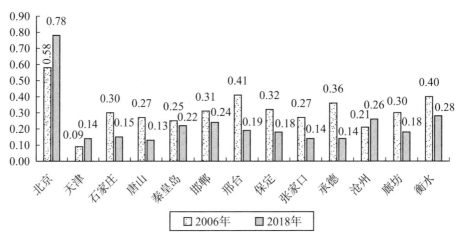

图 5 – 12　2006 年和 2018 年京津冀 13 市金融支持相对偏差

（四）金融支持分类水平均提高，规模水平远高于结构和效率水平

2006～2018 年京津冀 13 市金融支持规模、结构和效率指数均呈现出不断上升趋势，但是各类金融支持之间差距较大。图 5 – 13 为京津冀 13 市 2006 年和 2018 年金融支持分类水平平均值，从图中趋势线可以看出，金融支持分类指数从 0.11 上升到 0.65，上升趋势非常明显，发展水平从低度水平提升到较高水平，在三类金融支持中提升水平最快，2018 年时在三类金融支持中是最高的；金融支持结构指数从 0.47 上升到 0.55，发展水平从中低水平上升到中高水平，提升幅度与金融支持规模和效率相比是最低的，2018 年在三类金融支中其发展水平和金融支持效率相当；金融支持效率指数从 0.41 上升到 0.55，发展水平从中低水平提升到中高水平，提升幅度低于金融支持规模，高于金融支持结构。由此可见，京津冀 13 市金融支持规模水平明显高于金融支持结构和金融支持效率发展水平，未来需要加大金融支持结构和金融支持效率发展水平。

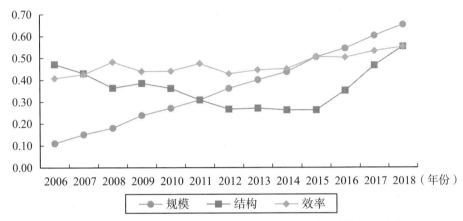

图 5 - 13　2006 年和 2018 年京津冀 13 市金融支持分类指数平均值

（五）京津冀 13 市间的金融支持规模、结构和效率差距均不断缩小

京津冀 13 市间的金融支持规模、结构和效率差距均不断缩小。图 5 - 14 为京津冀 13 市 2006 年和 2018 年各分类基础设施绝对偏差，从图中数据可以

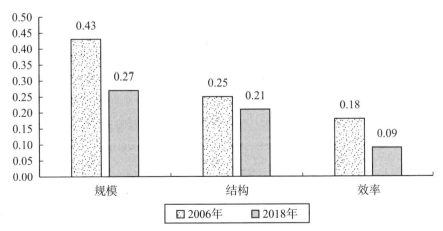

图 5 - 14　2006 年和 2018 年京津冀 13 市各分类基础设施绝对偏差

看出，2006 年和 2018 年京津冀 13 市之间金融支持规模绝对偏差分别为 0.43
和 0.27，2018 年绝对偏差值下降 0.16，各市之间发展差距呈现出缩小趋势；
2006 年和 2018 年金融支持结构绝对偏差分别为 0.25 和 0.21，2018 年绝对偏
差值下降 0.04，京津冀 13 市之间金融支持结构水平差距逐步缩小；2006 年和
2018 年金融支持效率绝对偏差分别为 0.18 和 0.09，2018 年绝对偏差值下降
0.09，京津冀 13 市之间金融支持效率水平差距逐步缩小。

二、金融支持一体化程度小结

（一）金融支持综合一体化程度不断提高，但未达到高度一体化

京津冀 13 市金融支持综合一体化指数 2006～2018 年从 0.48 上升到 0.76，
呈现出不断上升的趋势（见图 5－15）。2012～2013 年金融支持综合一体化指
数从上一年的 0.57 上升到 0.60，一体化程度相应地从上一年的中高一体化上
升到较高一体化，2013～2018 年六年间综合一体化程度均在 0.60 以上，但是
在金融支持一体化程度最高的 2018 年，一体化综合值指数也仅为 0.76，还未
达到高度一体化程度。

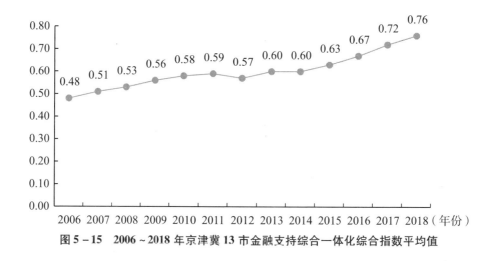

图 5－15　2006～2018 年京津冀 13 市金融支持综合一体化综合指数平均值

（二）规模一体化程度显著提高，但结构和效率一体化程度有待提高

京津冀 13 市 2006～2018 年金融支持规模、结构和效率一体化指数均呈现
出不断上升趋势，但是各分类一体化指数差别较大（见图 5－16）。金融支持

规模一体化程度最高，2018 年一体化指数值为 0.79，接近高度一体化程度。金融支持效率一体化程度小幅上升，金融支持结构一体化程度微弱上升。同时，部分单指标一体化指数下降趋势较为明显：2006～2018，金融支持结构一体化下属的多元化融资一体化指数下降，从较高一体化程度下降为中高一体化程度；边际资本生产率一体化指数下降，从较高一体化程度下降到中低一体化程度。导致以上两个一体化指标出现下降趋势的原因是京津冀 13 市中很多市相应指标处于下降趋势，从而导致一体化程度也在下降。此外，单指标一体化程度悬殊：固定资产投资、城镇化率和项目建成投产率一体化达到高发展水平；财政支出、人均贷款额、基础设施投资、一体化处于较高发展水平；多元化融资、一体化则仅处于中高发展水平；边际资本生产率则只处于中低发展水平。

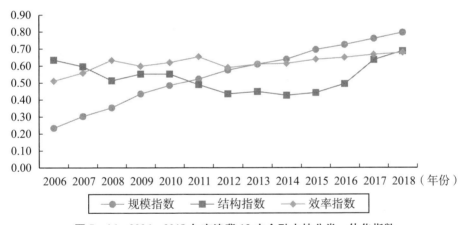

图 5－16　2006～2018 年京津冀 13 市金融支持分类一体化指数

第六章　京津冀基础设施与金融支持
协调发展程度分析

本章进一步分析研究基础设施与金融支持协调发展程度状况，以对当前金融支持是否能够满足基础设施发展需求的问题做出定量分析支撑。由于基础设施与金融支持均是综合系统，两系统各自包含多个子系统，京津冀基础设施与金融支持协调发展是在系统内部子系统协调发展基础上的系统间协调，主要内容如下：第一节介绍评价模型与方法；第二节为基础设施内部子系统协调发展程度分析；第三节为金融支持内部子系统协调发展程度分析；第四节为基础设施与金融支持系统间协调发展程度分析；第五节为小结。

第一节　评价模型与方法

一、基础设施内部子系统协调发展评价模型与方法

（一）基础设施内部子系统协调发展评价模型

基于耦合协调度模型，详见式（4-13）和式（4-14），假设 $x^{j}_{i_{1-3}t}$ 表示 j 城市第 t 年的能源基础设施分纵横标准化加权指数，$x^{j}_{i_{4-6}t}$ 为 j 城市第 t 年的交通基础设施纵横标准化加权指数，$x^{j}_{i_{7-9}t}$ 为 j 城市第 t 年的邮电通信基础设施纵横标准化加权指数，$x^{j}_{i_{10-12}t}$ 为 j 城市第 t 年的环保基础设施纵横标准化加权指数。将基础设施四种分类指数视为四个不同的子系统，则四个子系统之间的耦合度计算公式如下所示：

$$\mathrm{IC}^{j}_{t} = \sqrt[4]{\frac{x^{j}_{i_{1-3}t} \times x^{j}_{i_{4-6}t} \times x^{j}_{i_{7-9}t} \times x^{j}_{i_{10-12}t}}{\sqrt{\left(\dfrac{x^{j}_{i_{1-3}t} + x^{j}_{i_{4-6}t} + x^{j}_{i_{7-9}t} + x^{j}_{i_{10-12}t}}{4}\right)}}} \tag{6-1}$$

其中，IC_t^j 为 j 城市第 t 年的耦合度；基础设施综合指数 $x_{i_{1-3}t}^j = a_1 x_{1t}^j + a_2 x_{2t}^j +$ $a_3 x_{3t}^j$，$x_{i_{4-6}t}^j = a_4 x_{4t}^j + a_5 x_{5t}^j + a_6 x_{6t}^j$，$x_{i_{7-9}t}^j = a_7 x_{7t}^j + a_8 x_{8t}^j + a_9 x_{9t}^j$，$x_{i_{10-12}t}^j = a_{10} x_{10t}^j +$ $a_{11} x_{11t}^j + a_{12} x_{12t}^j$；$x_{1t}^j$，$x_{2t}^j$，$\cdots$，$x_{12t}^j$ 为基础设施第 1 个指标到第 12 个指标第 t 年纵横标准化加权单指标指数；α_1，α_2，$\cdots$，α_{12} 为每个指标在分类基础设施中的权重（见表 4 - 5）。根据多系统之间的耦合协调度公式，见式（4 - 14），对于 j 城市第 t 年来说，构建 j 城市基础设施内部四个子系统的耦合协调度公式如下所示：

$$ID_t^j = \sqrt{IC_t^j \times IT_t^j} \qquad (6-2)$$

其中，ID_t^j 为 j 城市基础设施 4 个子系统之间的耦合协调度，j 分别为北京（bj）、天津（tj）、石家庄（sjz）、唐山（ts）、秦皇岛（qhd）、邯郸（hd）、邢台（xt）、保定（bd）、张家口（zjk）、承德（cd）、沧州（cz）、廊坊（lf）和衡水（hs）13 市；IC_t^j 为 j 城市基础设施子系统之间的耦合度；IT_t^j 为基础设施的综合发展得分：$IT_t^j = \gamma_1 x_{i_{1-3}t}^j + \gamma_2 x_{i_{4-6}t}^j + \gamma_3 x_{i_{7-9}t}^j + \gamma_4 x_{i_{10-12}t}^j$。四个子系统在基础设施中均具有同等重要的地位，$\gamma_1 = \gamma_2 = \gamma_3 = \gamma_4 = \dfrac{1}{4}$。

（二）基础设施内部协调发展程度评价标准

基础设施内部协调发展程度可以根据耦合协调度指数 ID 的取值范围划分为六类（见表 6 - 1），当 $0.8 \leqslant ID \leqslant 1$ 时，能源、交通、邮电通信和环保基础设施高度协调；当 $0.6 \leqslant ID < 0.8$ 时，能源、交通、邮电通信和环保基础设施比较协调；当 $0.5 \leqslant ID < 0.6$ 时，能源、交通、邮电通信和环保基础设施基本协调，以上三种类型属于协调状态。当 $0.4 \leqslant ID < 0.5$ 时，能源、交通、邮电通信和环保基础设施不太协调；当 $0.2 \leqslant ID < 0.4$ 时，能源、交通、邮电通信和环保基础设施不协调；当 $0 \leqslant ID < 0.2$ 时，能源、交通、邮电通信和环保基础设施极不协调，以上三种类型属于非协调状态。

表 6 - 1　　　　　　基础设施内部子系统协调发展程度评价标准

耦合协调度	一体化状态	协调等级	协调程度
$0.8 \leqslant ID \leqslant 1$		Ⅵ	高度协调
$0.6 \leqslant ID < 0.8$	协调状态	Ⅴ	较高协调
$0.5 \leqslant ID < 0.6$		Ⅳ	中高协调

耦合协调度	一体化状态	协调等级	协调程度
0.4≤ID<0.5		Ⅲ	中低协调
0.2≤ID<0.4	非协调状态	Ⅱ	较低协调
0≤ID<0.2		Ⅰ	低度协调

二、金融支持内部子系统协调发展评价模型与方法

(一) 金融支持内部子系统协调发展评价模型

基于耦合协调度模型，详见式（4-13）和式（4-14），假设 $y^{j}_{i_{1-3}t}$ 表示 j 城市第 t 年的金融支持规模纵横标准化加权指数，$y^{j}_{i_{4-6}t}$ 为 j 城市第 t 年的金融支持结构纵横标准化加权指数，$y^{j}_{i_{7-9}t}$ 为 j 城市第 t 年的金融支持效率纵横标准化加权指数。将金融支持三种分类指数视为三个不同的子系统，则三个子系统之间的耦合度计算公式如下所示：

$$FC^{j}_{t} = \sqrt[3]{\frac{y^{j}_{i_{1-3}t} \times y^{j}_{i_{4-6}t} \times y^{j}_{i_{7-9}t}}{\left(\dfrac{y^{j}_{i_{1-3}t} + y^{j}_{i_{4-6}t} + y^{j}_{i_{7-9}t}}{3}\right)^{3}}} \qquad (6-3)$$

其中，FC^{j}_{t} 为 j 城市第 t 年的耦合度；金融支持规模指数 $y^{j}_{i_{1-3}t} = \beta_1 y^{j}_{i_1t} + \beta_2 y^{j}_{i_2t} + \beta_3 y^{j}_{i_3t}$；金融支持结构指数 $y^{j}_{i_{4-6}t} = \beta_4 y^{j}_{i_4t} + \beta_5 y^{j}_{i_5t} + \beta_6 y^{j}_{i_6t}$；金融支持效率指数 $y^{j}_{i_{7-9}t} = \beta_7 y^{j}_{i_7t} + \beta_8 y^{j}_{i_8t} + \beta_9 y^{j}_{i_9t}$，$y^{j}_{i_1t}$，$y^{j}_{i_2t}$，…，$y^{j}_{i_9t}$ 为金融支持第 1 个指标到第 9 个指标第 t 年纵横标准化加权指数，β_1，β_2，…，β_9 为每个指标在分类金融支持指数中的权重（见表5-5）。进一步根据多系统之间的耦合协调度公式，见式（4-14），对于 j 城市第 t 年来说，构建 j 城市金融支持三个子系统的耦合协调度公式如下所示：

$$FD^{j}_{t} = \sqrt{FC^{j}_{t} \times FT^{j}_{t}} \qquad (6-4)$$

其中，FD^{j}_{t} 为 j 城市金融支持三个子系统之间的耦合协调度，j 分别为北京（bj）、天津（tj）、石家庄（sjz）、唐山（ts）、秦皇岛（qhd）、邯郸（hd）、邢台（xt）、保定（bd）、张家口（zjk）、承德（cd）、沧州（cz）、廊坊（lf）和衡水（hs）13市；FC^{j}_{t} 为 j 地区金融支持子系统之间的耦合度；FT^{j}_{t} 为金融支

持的综合发展得分：$FT_t^j = \delta_1 y_{i_1-3t}^{j} + \delta_2 y_{i_4-6t}^{j} + \delta_3 y_{i_7-9t}^{j}$，三个子系统在金融支持发展中均具有同等重要的作用，因此，设定 $\delta_1 = \delta_2 = \delta_3 = \dfrac{1}{3}$。

（二）金融支持内部协调发展程度评价标准

金融支持内部协调发展程度可以根据耦合协调度指数 FD 的取值范围划分为六类（见表 6-2），当 $0.8 \leqslant FD \leqslant 1$ 时，金融支持规模、结构和效率高度协调；当 $0.6 \leqslant FD < 0.8$ 时，金融支持规模、结构和效率比较协调；当 $0.5 \leqslant FD < 0.6$ 时，金融支持规模、结构和效率基本协调。以上三种类型属于协调状态。当 $0.4 \leqslant FD < 0.5$ 时，金融支持规模、结构和效率不太协调；当 $0.2 \leqslant FD < 0.4$ 时，金融支持规模、结构和效率不协调；当 $0 \leqslant FD < 0.2$ 时，金融支持规模、结构和效率极不协调。以上三种类型属于非协调状态。

表 6-2 金融支持内部子系统协调发展程度评价标准

耦合协调度	一体化状态	协调等级	协调程度
$0.8 \leqslant FD \leqslant 1$		Ⅵ	高度协调
$0.6 \leqslant FD < 0.8$	协调状态	Ⅴ	较高协调
$0.5 \leqslant FD < 0.6$		Ⅳ	中高协调
$0.4 \leqslant FD < 0.5$		Ⅲ	中低协调
$0.2 \leqslant FD < 0.4$	非协调状态	Ⅱ	较低协调
$0 \leqslant FD < 0.2$		Ⅰ	低度协调

三、基础设施与金融支持系统间协调发展评价模型与方法

（一）基础设施与金融支持系统间协调发展评价模型

基于耦合协调度模型，详见式（4-13）和式（4-14），假设 $X_{i_1-12t}^{j}$ 表示 j 城市第 t 年的基础设施综合指数，$y_{i_1-9t}^{j}$ 为 j 城市第 t 年的金融支持综合指数。将基础设施综合指数和金融支持综合指数视为两个不同的系统，则两系统间的耦合度计算公式如下所示：

$$\text{IFC}_t^j = \sqrt[2]{\frac{X_{i_{1-12}t}^j \times y_{i_{1-9}t}^j}{\left(\dfrac{X_{i_{1-12}t}^j + y_{i_{1-9}t}^j}{2}\right)^2}} \qquad (6-5)$$

其中，IFC_t^j 为 j 城市第 t 年的耦合度；基础设施综合指数 $X_{i_{1-12}t}^j = \alpha_1 x_{i_1t}^j + \alpha_2 x_{i_2t}^j + \cdots + \alpha_{12} x_{i_{12}t}^j$；$x_{i_1t}^j$，$x_{i_2t}^j$，$\cdots$，$x_{i_{12}t}^j$ 为基础设施第 1~12 个指标纵横标准化加权指数；α_1，α_2，$\cdots$，α_{12} 为各个指标在基础设施综合指数中的权重（见表 4-4）；金融支持综合指数 $y_{i_{1-9}t}^j = \beta_1 y_{i_1t}^j + \beta_2 y_{i_2t}^j + \cdots + \beta_9 y_{i_9t}^j$；$y_{i_1t}^j$，$y_{i_2t}^j$，$\cdots$，$y_{i_9t}^j$ 为金融支持第 1~9 个指标纵横标准化加权指数；β_1，β_2，$\cdots$，β_9 为金融支持第 1~9 个指标在金融支持综合指数中的权重（见表 5-4）。进一步根据多系统之间的耦合协调度公式（式 4-14），对于 j 城市第 t 年来说，构建 j 城市基础设施与金融支持两系统的耦合协调度公式如下所示：

$$\text{IFD}_t^j = \sqrt{\text{IFC}_t^j \times \text{IFT}_t^j} \qquad (6-6)$$

其中，IFD_t^j 为 j 城市基础设施和金融支持两个综合系统之间的耦合协调度，j 分别为北京（bj）、天津（tj）、石家庄（sjz）、唐山（ts）、秦皇岛（qhd）、邯郸（hd）、邢台（xt）、保定（bd）、张家口（zjk）、承德（cd）、沧州（cz）、廊坊（lf）和衡水（hs）13 市；IFC_t^j 为 j 地区基础设施与金融支持两个系统之间的耦合度；IFT_t^j 为基础设施与金融支持的综合发展得分：$T_t^j = \varepsilon_1 X_{i_{1-12}t}^j + \varepsilon_2 y_{i_{1-9}t}^j$，两个综合系统在系统间协调发展中均具有同等重要的作用，因此设定 $\varepsilon_1 = \varepsilon_2 = \dfrac{1}{2}$。

（二）基础设施与金融支持系统间协调发展程度评价标准

基础设施与金融支持系统间协调发展程度可以根据耦合协调度指数 D 的取值范围划分为六类（见表 6-3），当 $0.8 \leqslant D \leqslant 1$ 时，基础设施和金融支持高度协调；当 $0.6 \leqslant D < 0.8$ 时，基础设施和金融支持比较协调；当 $0.5 \leqslant D < 0.6$ 时，基础设施和金融支持基本协调，以上三种类型属于协调状态。当 $0.4 \leqslant D < 0.5$ 时，基础设施和金融支持不太协调；当 $0.2 \leqslant D < 0.4$ 时，基础设施和金融支持不协调；当 $0 \leqslant D < 0.2$ 时，基础设施和金融支持极不协调，这三种类型属于非协调状态。

表6－3　　　　　　基础设施与金融支持系统间协调发展程度评价标准

耦合协调度 D	一体化状态	协调等级	协调程度
0.8≤D≤1		Ⅵ	高度协调
0.6≤D<0.8	协调状态	Ⅴ	比较协调
0.5≤D<0.6		Ⅳ	基本协调
0.4≤D<0.5		Ⅲ	不太协调
0.2≤D<0.4	非协调状态	Ⅱ	不协调
0≤D<0.2		Ⅰ	极不协调

第二节　基础设施内部子系统协调发展程度分析

从基础设施内部子系统协调发展评价模型可知，能源、交通、邮政通信及环保四种分类基础设施发展水平提升，且分类基础设施之间发展差距缩小的情况下，基础设施内部子系统协调发展程度会有所提升。

一、京津冀整体基础设施内部子系统协调发展程度分析

2006～2018年京津冀整体（13市平均值）基础设施内部四个子系统之间耦合协调度从0.50提升至0.75，呈现出逐年增长的趋势（见表6－4）。2006～2008年，能源、交通、邮电通信和环保子系统之间的协调等级为第Ⅳ级，协调程度为中高协调程度，协调状况从中高协调向较高协调转变。京津冀整体基础设施内部子系统协调程度提升，直接原因是能源、交通、邮电通信和环保四种分类基础设施发展水平都在不断上升，且都在2018年达到最大值。因此，四个子系统之间的协调发展指数也在不断上升，于2018年达到最大值0.75。虽然基础设施内部子系统之间的协调发展状态在好转，但是也要注意到基础设施内部四个子系统之间发展差距依然较为悬殊，能源和交通基础设施发展水平远远落后于邮电通信和环保基础设施发展水平，从而制约了四个子系统之间协调发展程度向高度协调转变，导致当前基础设施内部子系统之间还未达到高度协调发展程度。

表 6 – 4　　2006～2018 年京津冀 13 市整体基础设施系统内部子系统耦合协调度指数

指数	2006 年	2007 年	2008 年	2009 年	2010 年	2011 年	2012 年
能源子系统	0.35	0.34	0.35	0.32	0.29	0.29	0.29
交通子系统	0.29	0.29	0.30	0.43	0.46	0.42	0.33
邮电子系统	0.12	0.18	0.22	0.26	0.30	0.38	0.41
环保子系统	0.32	0.38	0.45	0.53	0.61	0.54	0.51
耦合协调度	0.50	0.54	0.57	0.61	0.63	0.63	0.61
协调等级	IV	IV	IV	V	V	V	V
协调程度	中高协调	中高协调	中高协调	较高协调	较高协调	较高协调	较高协调
指数	2013 年	2014 年	2015 年	2016 年	2017 年	2018 年	
能源子系统	0.31	0.34	0.32	0.39	0.44	0.53	
交通子系统	0.46	0.43	0.45	0.53	0.44	0.50	
邮电子系统	0.45	0.44	0.47	0.53	0.58	0.64	
环保子系统	0.51	0.51	0.54	0.56	0.63	0.61	
耦合协调度	0.65	0.65	0.66	0.71	0.72	0.75	
协调等级	V	V	V	V	V	V	
协调程度	较高协调	较高协调	较高协调	较高协调	较高协调	较高协调	

二、京津冀各市基础设施内部子系统协调发展程度分析

从京津冀 13 市基础设施内部子系统协调发展指数 2006～2018 年考察期均值来看（见表 6 – 5），协调指数均值最大的是北京（0.80），整体上达到高度协调程度，说明北京基础设施内部子系统协调发展程度高于其他地区；其次是秦皇岛、天津、唐山、石家庄和廊坊，协调指数均值分别是 0.71、0.70、0.67、0.63 和 0.60，整体上处于较高协调程度；其他城市考察期协调指数均值均处于中高协调发展程度，分别是张家口（0.58）、邯郸（0.57）、承德（0.56）、沧州（0.55）、保定（0.54）、邢台（0.52）和衡水（0.51）。

表6－5　　2006～2018年京津冀13市基础设施内部子系统耦合协调度指数

地区	2006 年	2007 年	2008 年	2009 年	2010 年	2011 年	2012 年	2013 年
北京	0.78	0.74	0.74	0.78	0.78	0.75	0.77	0.79
天津	0.64	0.67	0.69	0.66	0.64	0.65	0.66	0.66
石家庄	0.43	0.47	0.51	0.58	0.54	0.61	0.57	0.59
唐山	0.58	0.64	0.70	0.68	0.71	0.70	0.69	0.70
秦皇岛	0.54	0.62	0.66	0.67	0.66	0.70	0.69	0.72
邯郸	0.34	0.41	0.45	0.50	0.58	0.59	0.60	0.61
邢台	0.29	0.43	0.46	0.55	0.58	0.53	0.54	0.54
保定	0.29	0.30	0.34	0.49	0.51	0.56	0.50	0.60
张家口	0.40	0.44	0.50	0.54	0.58	0.60	0.60	0.62
承德	0.38	0.47	0.52	0.60	0.64	0.63	0.58	0.67
沧州	0.46	0.46	0.48	0.57	0.56	0.53	0.52	0.59
廊坊	0.40	0.53	0.54	0.60	0.60	0.64	0.62	0.66
衡水	0.34	0.34	0.35	0.38	0.51	0.50	0.47	0.56

地区	2014 年	2015 年	2016 年	2017 年	2018 年	均值	排名	
北京	0.79	0.81	0.89	0.90	0.93	0.80	1	
天津	0.66	0.73	0.77	0.81	0.85	0.70	3	
石家庄	0.72	0.73	0.76	0.83	0.83	0.63	5	
唐山	0.68	0.67	0.61	0.65	0.67	0.67	4	
秦皇岛	0.76	0.74	0.80	0.80	0.83	0.71	2	
邯郸	0.58	0.62	0.70	0.72	0.72	0.57	8	
邢台	0.55	0.40	0.62	0.63	0.64	0.52	12	
保定	0.59	0.70	0.71	0.68	0.75	0.54	11	
张家口	0.60	0.55	0.66	0.68	0.73	0.58	7	
承德	0.57	0.52	0.55	0.53	0.56	0.56	9	
沧州	0.59	0.59	0.61	0.54	0.63	0.55	10	
廊坊	0.66	0.56	0.72	0.61	0.69	0.60	6	
衡水	0.52	0.54	0.60	0.74	0.74	0.51	13	

　　图 6 - 1 为京津冀 13 市 2006 年和 2018 年基础设施内部子系统协调发展指数对比图。从 2006 年基础设施综合指数数据可以看出，北京和天津的协调发展指数在 13 市中最高，为 0.78 和 0.64，处于较高协调程度；其次是唐山和秦皇岛，其指数值为 0.5 ~ 0.6，处于中高协调程度；再次是沧州、石家庄、廊坊和张家口，其指数值为 0.4 ~ 0.5，处于中低协调发展程度；最后是承德、衡水、邯郸、保定和邢台，其指数值为 0.2 ~ 0.4，处于较低协调程度。从 2018 年最新基础设施综合指数数据来看，北京、天津、秦皇岛和石家庄的指数值超过 0.8，达到高度协调程度，远高于其他 9 市；保定、衡水、张家口、邯郸、廊坊、唐山、邢台和沧州的指数值为 0.6 ~ 0.8，为较高协调程度；承德的指数值仅为 0.56，处于中高协调程度，在 13 市中协调程度相对最低。

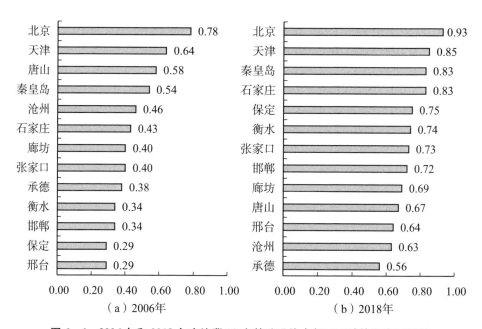

图 6 - 1　2006 年和 2018 年京津冀 13 市基础设施内部子系统协调发展指数

　　从京津冀 13 市基础设施内部子系统协调指数 2018 年较 2006 年的增加值来看（见图 6 - 2），京津冀 13 市指数均不断上升，所有城市增加值均为正。其中，保定的协调指数增加值达到 0.46，衡水和石家庄的增加值均为 0.40，协调程度提升幅度最大；其次是邯郸、邢台和张家口，其增加值为 0.3 ~ 0.4，有较大幅度的提升，但是与保定、衡水和石家庄的提升幅度相比还有一定的差距；再次是廊坊、秦皇岛和天津，其增加值为 0.2~0.3；然后是承德、沧州和北京，其增加值为 0.1~0.2；最后是唐山，其增加值小于 0.1，基础设施内部子系统协调度提升水平相对滞后。从各个城市增加值来看，河北有 8 个城市基础设施内部子系统协调指数增加值高于天津，有 10 个城市协调指数增加值高于北京，说明河北基础设施提升水平相对高于京津地区，直接导致河北绝大多数城市基础设施内部子系统协调指数增加值高于北京、天津两市。

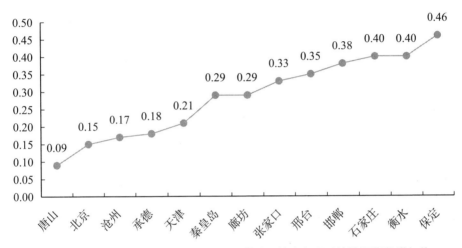

图 6 – 2　2018 年较 2006 年京津冀 13 市基础设施内部子系统协调指数增加值

第三节　金融支持内部子系统协调发展程度分析

从金融支持内部子系统协调发展评价模型可知，金融支持规模、金融支持结构及金融支持效率三种分类金融支持发展水平提升，且分类金融支持之间差距缩小的情况下，金融支持内部子系统协调发展程度会得以提升。

一、京津冀整体金融支持内部子系统协调发展程度分析

2006~2018 年京津冀整体（13 市平均值）金融支持内部三个子系统之间

耦合协调度从 0.45 提升至 0.66，呈现出逐年增长的趋势。从表 6-6 中数据可以看出，2006～2008 年，金融支持规模、结构和效率之间的协调等级为第 Ⅲ级，协调程度为中低协调程度；2009～2016 年，三个子系统之间的协调度指数为 0.5～0.6，协调程度为中高协调等级；2017～2018 年，子系统之间的协调度指数超过 0.6，达到高度协调程度。考察期间协调状况的变化趋势为：中低协调→中高协调→较高协调。京津冀 13 市整体金融支持内部了系统协调程度提升，直接原因是金融支持规模、结构和效率分类金融支持发展水平都在不断上升，都在 2018 年达到最大值。因此，三个子系统之间的协调发展指数也在不断上升，于 2018 年达到最大值 0.66。虽然金融支持内部子系统之间的协调发展状态在好转，但是也要注意到金融支持内部三个子系统之间发展差距依然较大，金融支持效率发展水平远远落后于金融支持规模水平，从而制约了三个子系统之间协调发展程度向高度协调的转变。

表 6-6　　2006～2018 年京津冀 13 市整体金融支持内部子系统耦合协调度指数

指数	2006 年	2007 年	2008 年	2009 年	2010 年	2011 年	2012 年
规模子系统	0.11	0.15	0.18	0.24	0.27	0.31	0.36
结构子系统	0.47	0.43	0.36	0.39	0.36	0.31	0.27
效率子系统	0.41	0.43	0.48	0.44	0.44	0.47	0.43
耦合协调度	0.45	0.48	0.49	0.51	0.51	0.52	0.51
协调等级	Ⅲ	Ⅲ	Ⅲ	Ⅳ	Ⅳ	Ⅳ	Ⅳ
协调程度	中低协调	中低协调	中低协调	中高协调	中高协调	中高协调	中高协调

指数	2013 年	2014 年	2015 年	2016 年	2017 年	2018 年	
规模子系统	0.40	0.44	0.50	0.54	0.60	0.65	
结构子系统	0.27	0.26	0.26	0.35	0.47	0.55	
效率子系统	0.44	0.45	0.51	0.51	0.53	0.55	
耦合协调度	0.52	0.53	0.55	0.59	0.63	0.66	
协调等级	Ⅳ	Ⅳ	Ⅳ	Ⅳ	Ⅴ	Ⅴ	
协调程度	中高协调	中高协调	中高协调	中高协调	较高协调	较高协调	

二、各市金融支持内部子系统协调发展程度分析

从 2006～2018 年京津冀 13 市金融支持内部子系统协调发展指数均值来看（见表 6-7），协调指数均值最大的是北京（0.68）和天津（0.64），整体上达到较高协调程度，说明北京和天津金融支持内部子系统协调发展程度高于其他地区；其次是唐山、张家口、承德、秦皇岛、石家庄和廊坊，协调指数均值分别是 0.54、0.53、0.52、0.52、0.52 和 0.50，整体上处于中高协调程度；其他城市考察期协调指数均值均处于中低协调发展程度，分别是沧州（0.48）、邯郸（0.47）、保定（0.46）和衡水（0.41）。

表 6-7　2006～2018 年京津冀 13 市金融支持内部子系统耦合协调度指数

地区	2006 年	2007 年	2008 年	2009 年	2010 年	2011 年	2012 年	2013 年
北京	0.66	0.67	0.64	0.65	0.67	0.67	0.67	0.68
天津	0.60	0.61	0.64	0.65	0.63	0.62	0.65	0.64
石家庄	0.44	0.51	0.48	0.50	0.50	0.53	0.45	0.48
唐山	0.45	0.49	0.48	0.51	0.54	0.54	0.53	0.54
秦皇岛	0.44	0.44	0.41	0.44	0.52	0.55	0.54	0.50
邯郸	0.37	0.39	0.40	0.45	0.47	0.47	0.51	0.49
邢台	0.28	0.39	0.38	0.43	0.46	0.47	0.43	0.44
保定	0.30	0.38	0.42	0.44	0.40	0.42	0.39	0.47
张家口	0.38	0.44	0.50	0.50	0.52	0.51	0.53	0.53
承德	0.35	0.42	0.43	0.43	0.47	0.49	0.48	0.54
沧州	0.40	0.43	0.44	0.47	0.50	0.47	0.40	0.44
廊坊	0.43	0.42	0.44	0.45	0.46	0.45	0.48	0.53
衡水	0.32	0.29	0.35	0.41	0.39	0.35	0.38	0.35

续表

地区	2014 年	2015 年	2016 年	2017 年	2018 年	均值	排名
北京	0.66	0.67	0.72	0.73	0.75	0.68	1
天津	0.64	0.63	0.68	0.65	0.67	0.64	2
石家庄	0.51	0.51	0.57	0.62	0.66	0.52	7
唐山	0.55	0.54	0.56	0.63	0.67	0.54	3
秦皇岛	0.54	0.57	0.56	0.66	0.64	0.52	6
邯郸	0.48	0.46	0.50	0.56	0.62	0.47	10
邢台	0.35	0.48	0.55	0.61	0.66	0.46	12
保定	0.46	0.54	0.47	0.61	0.66	0.46	11
张家口	0.50	0.54	0.61	0.66	0.69	0.53	4
承德	0.59	0.60	0.66	0.68	0.68	0.52	5
沧州	0.51	0.49	0.50	0.56	0.60	0.48	9
廊坊	0.53	0.50	0.52	0.60	0.65	0.50	8
衡水	0.37	0.49	0.57	0.55	0.57	0.41	13

图 6 - 3 为 2006 年和 2018 年京津冀 13 市金融支持内部子系统协调发展指数对比图。从 2006 年金融支持内部子系统协调指数数据可以看出，北京和天津的协调发展指数在京津冀 13 市中最高，分别为 0.66 和 0.60，处于较高协调程度；其次是唐山、秦皇岛、石家庄、廊坊和沧州，其指数值为 0.4～0.5，处于中低协调程度；再次是张家口、邯郸、承德、衡水、保定和邢台，其指数值为 0.2～0.4，处于较低协调发展程度。从 2018 年最新基础设施综合指数数据来看，北京的协调度指数超过 0.7，达到较高协调程度，远高于其他 12 市；张家口、承德、天津、唐山、邢台、石家庄、保定、廊坊、秦皇岛、邯郸和沧州 11 个城市的指数值为 0.6～0.7，处于较高协调程度；衡水的协调度指数值仅为 0.57，处于中高协调程度，在京津冀 13 市中金融支持内部子系统协调程度相对最低。

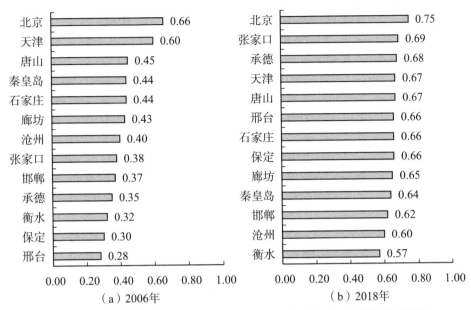

图6-3　2006年和2018年京津冀13市基础设施内部子系统协调发展指数

从京津冀13市金融支持内部子系统协调指数2018年较2006年的增加值来看（见图6-4），京津冀13市指数均不断上升，所有城市增加值均为正。其中，邢台、保定、承德和张家口的协调指数增加均超过0.3，协调程度提升幅度最大；其次是邯郸、衡水、廊坊、唐山、石家庄、秦皇岛和沧州，其增加

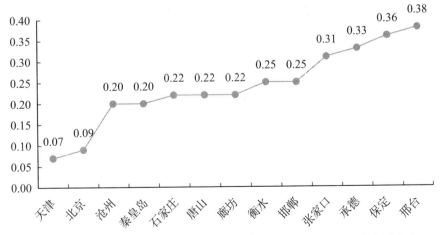

图6-4　2018年较2006年京津冀13市金融支持内部子系统协调指数增加值

值为 0.2~0.3，有较大幅度的提升；最后是北京和天津，其增加值均小于 0.1，金融支持内部子系统协调度提升水平相对滞后。从各个城市 2018 年较 2006 年的增加值来看，河北 11 个城市金融支持内部子系统协调指数增加值高于北京和天津，说明河北金融支持内部子系统提升水平相对高于京津地区，直接导致河北所有城市金融支持内部子系统协调指数增加值高于京津两市。

第四节　基础设施与金融支持系统间协调发展程度分析

从基础设施与金融支持系统间协调发展评价模型可知，基础设施和金融支持综合发展水平提升，且两系统之间差距缩小的情况下，基础设施与金融支持两系统之间协调发展程度会得以提升。

一、京津冀整体基础设施与金融支持系统间协调发展程度分析

2006~2018 年京津冀整体（13 市平均值）基础设施和金融支持耦合协调度从 0.55 提升至 0.75，呈现出逐年增长的趋势。从表 6-8 数据可以看出，2006~2008 年，基础设施与金融支持系统间的协调等级为第Ⅳ级，协调程度为中高协调程度；2009~2018 年，两个系统间的协调度指数为 0.6~0.8，协调程度为较高协调等级。考察期间协调状况从中高协调向较高协调转变。京津冀 13 市整体基础设施与金融支持系统间协调程度提升，直接原因是基础设施与金融支持综合发展水平都在不断上升，都在 2018 年达到最大值。因此，两系统间的协调发展指数也在不断上升，于 2018 年达到最大值 0.75。虽然系统间协调发展程度在不断提升，但是也要看到当前协调程度仍处于中高协调状态，还未达到高度协调程度。

表 6-8　　2006~2018 年京津冀整体基础设施与金融支持系统间耦合协调度指数

指数	2006 年	2007 年	2008 年	2009 年	2010 年	2011 年	2012 年
基础设施系统	0.30	0.32	0.36	0.39	0.42	0.41	0.40
金融支持系统	0.31	0.33	0.34	0.35	0.36	0.37	0.36

续表

指数	2006 年	2007 年	2008 年	2009 年	2010 年	2011 年	2012 年
耦合协调度	0.55	0.57	0.59	0.61	0.62	0.63	0.62
协调等级	IV	IV	IV	V	V	V	V
协调程度	中高协调	中高协调	中高协调	较高协调	较高协调	较高协调	较高协调

指数	2013 年	2014 年	2015 年	2016 年	2017 年	2018 年	
基础设施系统	0.46	0.45	0.46	0.50	0.52	0.55	
金融支持系统	0.38	0.40	0.45	0.48	0.54	0.59	
耦合协调度	0.65	0.65	0.67	0.70	0.73	0.75	
协调等级	V	V	V	V	V	V	
协调程度	较高协调	较高协调	较高协调	较高协调	较高协调	较高协调	

二、京津冀各市基础设施与金融支持系统间协调发展程度分析

从京津冀 13 市基础设施与金融支持系统间协调发展指数 2006～2018 年考察期均值来看（见表 6－9），协调指数均值最大的是北京（0.79）和天津（0.73），超过 0.7，考察期整体上为较高协调程度，两市的基础设施与金融支持系统间协调发展程度高于其他地区；其次是唐山、秦皇岛、石家庄、廊坊、张家口、邯郸、承德和沧州，其协调指数均值分别是 0.68、0.67、0.66、0.62、0.61、0.60、0.60 和 0.60，在考察期内整体上达到较高协调程度；其他城市在考察期内的协调指数均值均处于中高协调发展程度，分别是邢台（0.58）、保定（0.57）和衡水（0.55）。

表 6－9 　2006～2018 年京津冀 13 市基础设施与金融支持系统间耦合协调度指数

地区	2006 年	2007 年	2008 年	2009 年	2010 年	2011 年	2012 年	2013 年
北京	0.76	0.73	0.71	0.76	0.78	0.77	0.78	0.79
天津	0.66	0.68	0.71	0.70	0.69	0.70	0.73	0.73
石家庄	0.53	0.59	0.59	0.62	0.61	0.66	0.60	0.65

地区	2006 年	2007 年	2008 年	2009 年	2010 年	2011 年	2012 年	2013 年
唐山	0.61	0.63	0.66	0.66	0.69	0.70	0.69	0.70
秦皇岛	0.61	0.60	0.59	0.60	0.63	0.67	0.66	0.67
邯郸	0.50	0.51	0.53	0.55	0.60	0.59	0.62	0.63
邢台	0.40	0.50	0.51	0.58	0.61	0.58	0.54	0.57
保定	0.45	0.43	0.49	0.53	0.52	0.54	0.50	0.59
张家口	0.52	0.52	0.57	0.56	0.58	0.57	0.59	0.62
承德	0.50	0.54	0.58	0.54	0.58	0.59	0.58	0.64
沧州	0.57	0.54	0.55	0.59	0.61	0.56	0.54	0.60
廊坊	0.52	0.55	0.60	0.60	0.59	0.60	0.60	0.64
衡水	0.46	0.43	0.47	0.50	0.52	0.52	0.49	0.54

地区	2014 年	2015 年	2016 年	2017 年	2018 年	均值	排名	
北京	0.79	0.81	0.85	0.85	0.87	0.79	1	
天津	0.74	0.76	0.79	0.78	0.82	0.73	2	
石家庄	0.68	0.71	0.73	0.79	0.79	0.66	5	
唐山	0.68	0.68	0.67	0.73	0.75	0.68	3	
秦皇岛	0.71	0.71	0.73	0.79	0.78	0.67	4	
邯郸	0.62	0.65	0.65	0.69	0.71	0.60	8	
邢台	0.55	0.59	0.66	0.70	0.73	0.58	11	
保定	0.58	0.67	0.64	0.67	0.74	0.57	12	
张家口	0.59	0.64	0.68	0.73	0.76	0.61	7	
承德	0.63	0.62	0.67	0.67	0.68	0.60	9	
沧州	0.62	0.62	0.61	0.65	0.69	0.60	10	
廊坊	0.65	0.65	0.69	0.68	0.73	0.62	6	
衡水	0.56	0.60	0.64	0.70	0.71	0.55	13	

　　图 6 - 5 为 2006 年和 2018 年京津冀 13 市金融支持内部子系统协调发展指数对比图。从 2006 年基础设施与金融支持系统间协调指数数据可以看出，北京、天津、秦皇岛和唐山的协调发展指数在 13 市中最高，均超过 0.6，处于

较高协调程度；其次是沧州、石家庄、廊坊、张家口、承德和邯郸，其指数值为 0.5～0.6，处于中高协调程度；再次是衡水、保定和邢台，其指数值为 0.4～0.5，处于中低协调发展程度。从 2018 年最新系统间协调发展数据来看，北京和天津的协调度指数超过 0.8，达到高度协调程度，高于河北 11 市；石家庄、秦皇岛、张家口、唐山、保定、廊坊、邢台、衡水和邯郸的指数值为 0.7～0.8，处于较高协调程度；沧州和承德协调度指数值为 0.6～0.7，也处于较高协调程度，但是与河北其他 9 市协调程度相比还有一定的差距。

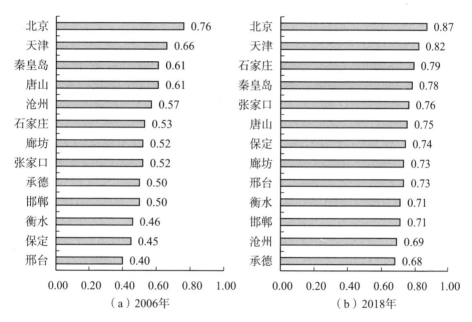

图 6－5 2006 年和 2018 年京津冀 13 市基础设施与金融支持系统间协调发展指数

从京津冀 13 市基础设施与金融支持系统间协调指数 2018 年较 2006 年的增加值来看（见图 6－6），京津冀 13 市指数均不断上升，所有城市增加值均为正。其中，邢台的协调指数增加值超过 0.3，协调程度在京津冀 13 市中提升幅度最大；其次是保定、石家庄、衡水、张家口、廊坊和邯郸，其增加值为 0.2～0.3，有较大幅度的提升；最后是承德、秦皇岛、天津、唐山、沧州和北京，其增加值为 0.1～0.2，基础设施与金融支持系统间协调度提升水平相对滞后。从各个城市 2018 年较 2006 年的增加值来看，河北 9 个城市协调指数增加值高于天津，所有 11 个城市增加值均高于北京，说明虽然京津地区基础设施与金融支持协调发展程度当前仍然高于河北地区，但是河北基础设施与金融支持系统间协调度提升水平相对高于京津地区。

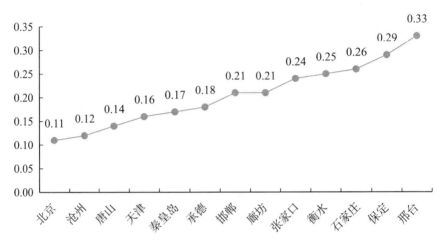

图 6 - 6　2018 年较 2006 年京津冀 13 市基础设施与金融支持系统间协调指数增加值

第五节　小　　结

一、京津冀基础设施内部子系统协调发展成效及存在的问题

（一）基础设施内部子系统协调发展程度不断提高，但还未达到高度一体化程度

京津冀整体基础设施内部子系统协调发展指数 2006～2018 年从 0.50 上升到 0.75，呈现出不断上升的趋势。从趋势图 6 - 7 可以看出，2009 年基础设施内部子系统协调发展指数从 2008 年的 0.57 上升到 0.61，协调发展程度相应地从 2008 年的中高一体化上升到比较一体化，2019～2015 年，协调发展程度均在 0.6 以上，2016～2018 年，协调发展程度均在 0.7 以上。虽然京津冀 13 市基础设施内部子系统协调发展程度不断上升，从中高协调程度发展到了较高协调程度，但是当前的协调发展程度距离 0.8 的高度协调还有一定差距。主要原

因是能源、交通、邮电通信和环保分类发展水平当前还较低（邮电和环保发展水平2018年刚超过0.6，能源和交通2018年则刚超过0.5），且四种分类基础设施发展水平差距较大（能源和交通基础设施发展水平远远落后于邮电通信和环保基础设施发展水平）。

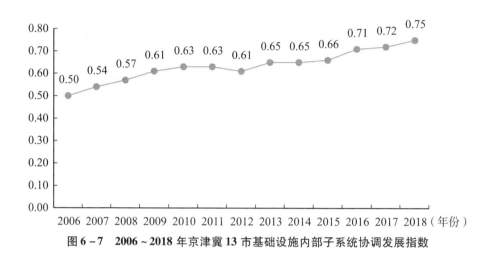

图6-7　2006～2018年京津冀13市基础设施内部子系统协调发展指数

（二）各市之间协调发展程度较为悬殊，河北各市协调增幅普遍高于京津

2006～2018年京津冀13市基础设施内部子系统协调发展指数均呈现出不断上升的趋势，但是各市之间发展差距较大。从图6-8可以看出，2018年北京和天津的协调发展指数分别为0.93和0.85，高于河北11市协调发展指数值。从河北11市的情况来看，各市之间协调发展差距也较大：石家庄、保定、衡水和张家口的协调发展指数超过0.7，廊坊、唐山、邢台和沧州超过0.6，而承德仅超过0.5，协调发展差距较大。

2018年相比2006年，河北有8个城市（保定、衡水、石家庄、邯郸、邢台、张家口、秦皇岛和廊坊）的协调发展指数增加值超过天津，有10个城市（以上城市基础上增加承德和沧州）的协调发展指数增加值超过北京，仅唐山的增加值低于北京（见图6-9）。由此可以看出，虽然河北省基础设施内部子系统协调发展程度整体上仍然低于京津地区，但是其协调发展增幅整体上超过京津地区，说明京津冀基础设施内部子系统协调发展协同程度在逐步提升。

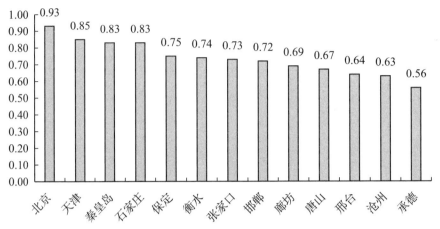

图 6 - 8　2018 年京津冀 13 市基础设施内部子系统协调发展指数

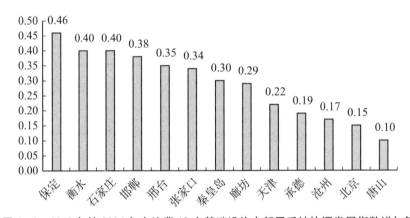

图 6 - 9　2018 年较 2006 年京津冀 13 市基础设施内部子系统协调发展指数增加值

二、京津冀金融支持内部子系统协调发展成效及存在的问题

（一）金融支持内部子系统协调发展程度不断提高，但还未达到高度一体化程度

图 6 - 10 为 2006 ~ 2018 年京津冀整体基础设施内部子系统协调发展指数。2006 ~ 2018 年，京津冀 13 市金融支持内部子系统协调发展指数从 0.45 上升到 0.66，呈现出不断上升的趋势。2017 年金融支持综合一体化指数从 2016 年的 0.59 上升到 0.63，一体化程度相应地从 2016 年的中高一体化上升到较高一体化，2006 ~ 2008 年，协调发展指数为 0.4 ~ 0.5，处于中低协调程度；2009 ~

2016 年协调发展指数为 0.5 ~ 0.6，处于中高协调程度；2017 ~ 2018 年协调发展指数超过 0.60，达到较高协调程度。虽然，当前京津冀 13 市整体金融支持内部子系统协调发展程度已经达到较高协调状态，但是指数值还没有超过 0.7，离 0.8 的高度协调程度还有很大差距。

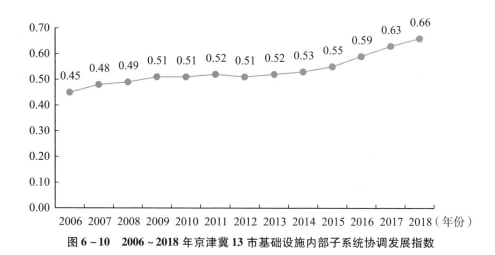

图 6 – 10　2006 ~ 2018 年京津冀 13 市基础设施内部子系统协调发展指数

（二）北京协调发展程度远高于其他 12 市，河北增加值高于北京和天津

2018 年京津冀 13 市金融支持内部子系统协调发展指数均呈现出不断上升的趋势，但是各市之间发展差距较大。图 6 – 11 为 2018 年京津冀 13 市金融支

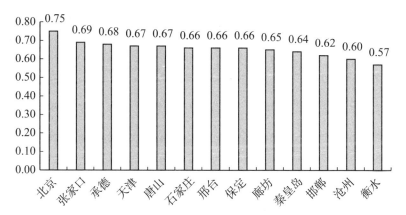

图 6 – 11　2018 年京津冀 13 市金融支持内部子系统协调发展程度指数

持内部子系统协调发展程度指数。2018 年，北京的协调发展指数为 0.75，在京津冀 13 市中指数值最高；衡水的协调发展指数值仅为 0.57，处于中高协调发展程度。由此可见，北京的协调发展指数值远高于其他地区，其他 12 市的协调发展程度较为均衡。从河北 11 市的情况来看，各市之间协调发展差距也较大：石家庄、保定、张家口和衡水的协调发展指数超过 0.7，廊坊、唐山、邢台和沧州超过 0.6，而承德仅超过 0.5，协调发展差距较大。

2018 年京津冀 13 市金融支持内部子系统协调发展程度较为均衡的重要原因是 2018 年较 2006 年河北各市协调发展指数增加值远超京津地区，为 2018 年京津冀的均衡发展创造了条件。从图 6 - 12 可以看出，2018 年河北所有 11 个城市的增加值远远超过北京和天津，其中邢台、保定、承德和张家口的增加值超过 0.3，邯郸、衡水、石家庄、唐山、廊坊、秦皇岛和沧州的增加值超过 0.2，而京津两市的增加值均低于 0.1。河北 11 市金融支持内部子系统协调发展程度提升，一方面在于金融支持规模、结构和效率水平的提升，另一方面在于金融支持规模、结构和效率三种金融支持分类水平更趋于均衡发展。

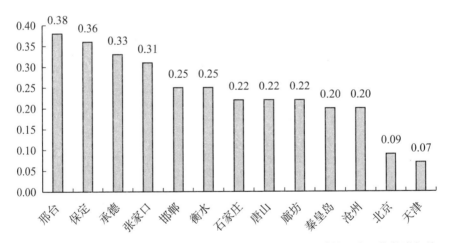

图 6 - 12　2018 年较 2006 年京津冀 13 市金融支持内部子系统协调发展指数增加值

三、京津冀基础设施与金融支持系统间协调发展程度及存在的问题

（一）系统间协调发展程度不断提高，但还未达到高度一体化程度

2006 ~ 2018 年京津冀整体系统间协调发展指数从 0.55 上升到 0.75，呈现

出不断上升的趋势（见图 6 – 13）。2009 年系统间协调发展指数从 2008 年的
0. 59 上升到 0. 61，协调程度相应地从 2008 年的中高协调上升到较高协调；
2009 ~ 2015 年，综合一体化程度为 0. 6 ~ 0. 7；2016 年协调发展指数开始超过
0. 7，2018 年达到 0. 75。从图 6 – 13 可以明显看出，京津冀整体协调发展呈现
出逐年上升趋势，但是当前协调发展程度仍然为较高协调状态，未达到高度协
调。主要原因是当前京津冀 13 市整体基础设施综合发展水平与金融支持综合
发展水平均为中高发展水平，两系统之间协调发展程度有限。2018 年，基础
设施和金融支持综合发展水平分别只有 0. 55 和 0. 59，未来系统间协调发展程
度提升有赖于基础设施和金融支持综合发展水平的进一步提升。

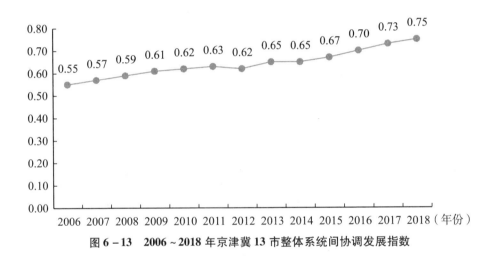

图 6 – 13　2006 ~ 2018 年京津冀 13 市整体系统间协调发展指数

（二）各市之间协调发展程度较为均衡，河北增加值高于北京和天津

2018 年京津冀 13 市基础设施与金融支持系统间协调发展指数均呈现出不
断上升的趋势，但是各市之间发展差距较大。从图 6 – 14 可以看出，2018 年
北京和天津的系统间协调发展指数分别为 0. 87 和 0. 82，在京津冀 13 市中指数
值最高，达到高度协调程度，而河北 11 市与京津两市系统间协调发展程度有
较大差距，11 市协调发展指数为 0. 6 ~ 0. 8，均为较高协调程度。从河北 11 市
的情况来看，各市之间协调发展差距也较大：秦皇岛、张家口、唐山、保定、
邢台、廊坊、邯郸和衡水的系统间协调发展指数超过 0. 7，而沧州和承德则低
于 0. 7，各市之间系统间协调发展程度较大。

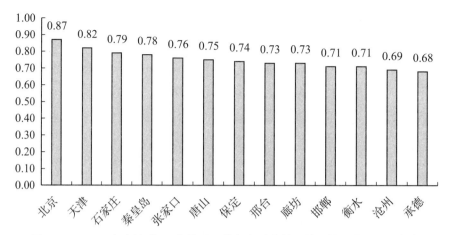

图6-14　2018年京津冀13市基础设施与金融支持系统间协调发展程度指数

与2006年相比，2018年河北有9个城市（邢台、保定、石家庄、衡水、张家口、邯郸、廊坊、承德和秦皇岛）的系统间协调发展指数增加值超过天津，所有11个城市协调发展指数增加值超过北京（见图6-15）。由此可以看出，虽然河北的基础设施与金融支持系统间协调发展程度整体上仍然低于北京，但是其协调发展增幅整体上远远超过北京。这一趋势为未来京津冀13市系统间协调发展程度的协同发展奠定了基础。

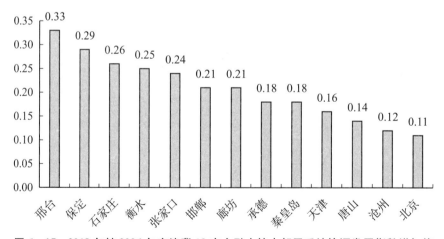

图6-15　2018年较2006年京津冀13市金融支持内部子系统协调发展指数增加值

第七章　经验案例

当前，京津冀基础设施一体化及其金融支持水平不断提高，但是基础设施一体化还没有达到高度一体化程度，金融支持结构不够优化，金融支持效率也不够高。这些问题给未来京津冀基础设施一体化及金融支持带来了挑战。在国家间及国内城市间区域一体化及金融支持方面已经取得了较多的成功经验，这对于京津冀基础设施一体化与金融支持进一步发展具有重要的经验启示作用。本章重点对国家间基础设施一体化的金融支持经验、城市间基础设施一体化的金融支持经验及国内城市群基础设施一体化的金融支持经验进行总结，并在此基础上对这些区域基础设施一体化与金融支持共同经验进行归纳，重点探讨其对京津冀基础设施一体化及金融支持的启示。

第一节　国外经验案例

一、国家间基础设施一体化的金融支持经验

（一）欧盟交通一体化金融支持经验

欧盟建立区域公共交通，为整个欧盟区域提供了快捷、高效的交通基础设施，跨区公共交通对途经的每一个国家都有利，若由单个国家出资，则其他国家会成为免费搭车者，从而导致每个国家都不愿成为单独的成本承担者，因此区域公共交通网建设由欧盟共同财政来牵头支持。1995 年欧盟制定了《确认跨欧网络（TEN）计划财政扶持的原则》，对欧盟的共同利益项目给予投资费用 10% 的补贴，其中铁路建设就属于共同利益的受益项目之一，并且可以给予一半的项目前期调研费用补贴。2001 年欧盟对 TEN 计划中出现的问题采取的解决方式就是将项目资金补贴由 10% 提高到 20%。自 2014 年以来，欧盟采

用了新的资金工具，给最好的项目实施者最好的资金支持，与其他的资金支持相比具有差异性更大、灵活性更高和激励性更强的特点。欧盟交通基础设施一体化的金融支持主要是体现在公共交通网络由欧盟共同财政来实现，同时又建立了运行规范又不失灵活的投融资机制以及欧盟给予财政补贴等方式。在京津冀交通基础设施一体化建设中，我们可以学习欧盟的经验，组建专门的京津冀共同财政来负责公共基础设施的金融支持，在投融资机制上学习欧盟机制的灵活性和激励性，同时强调三地政府对于公共财政组织建设公共项目的补贴制度。力求在京津冀基础设施一体化建设上筹集到更多的资金，加速京津冀基础设施一体化建设。

（二）北美自由贸易区基础设施一体化金融支持经验

随着北美自贸区的建立，美国、墨西哥和加拿大三国之间逐渐取消了关税和贸易壁垒等限制，特别是加快了美国投资和墨西哥吸引外资的规模水平。北美自由贸易区主要实现了货物的流通和三国之间关税的减免，交通一体化也达到了很强的关联性和便利程度，航空、水运都很便利，边界障碍基本消除，国家之间贸易额也不断加大。贸易合作加快了基础设施建设的步伐，因为经济发展加大了对于交通一体化的投资力度，消除了众多的投资限制。北美自由贸易区主要是通过关税的削减和免除来促进贸易一体化，贸易合作加快了基础设施的建设，加大了基础设施一体化的投资力度。对于京津冀地区的基础设施一体化的金融支持方面可以借鉴北美的经验，减少或者免除京津冀地区间的相关要素流动限制，比如取消三地之间的高速公路费用等，通过这些措施加快京津冀地区之间的贸易互联互通，从而促进对基础设施一体化的金融支持。

（三）南美基础设施一体化金融支持经验

2000 年 8 月 31 日，南美国家领导人在巴西召开会议，决定采取相关措施，促进各方面的融合。在基础设施一体化方面，各国同意发布南美区域基础设施一体化倡议（IIRSA），旨在改善地区间基础设施的现代化，并加强 12 个南美国家的互联互通，提高区域的国际竞争力。IIRSA 框架下的项目主要由技术协调委员会（CCT）的金融机构提供资金，在其中发挥主要作用的是美洲开发银行（IDB）。在 IDB 的融资支持下 IIRSA 项目已经取得显著成效。南美区域基础设施一体化主要通过美洲开发银行支持，美洲开发银行是美洲国家组成的区域多边开发银行。在京津冀三地基础设施一体化建设方面可以借鉴南美的经验，成立京津冀开发银行，其他地区也可以加入，但是只能参加该银行组织的项目投标，只有京津冀地区可以利用该行资金。这样做可以集中银行成员地区的力量，为京津冀地区的发展提供金融支持。

（四）东盟基础设施一体化金融支持经验

综合运输走廊是东盟建设和完善交通网络运输的手段，并将走廊和次区域进行结合。跨境运输走廊一方面促进了东南亚的经济一体化，另一方面促进了东南亚基础设施投资。传统的融资来源包括亚洲开发银行等多边开发银行，以及双边的国家政府。在东盟后续发展中，需要寻求新的融资方式，例如建立区域合作与融合基金（RCIF）。为了利用东盟内部的私人资本，项目的实施基本上采用的是 PPP 模式，利用政府的担保吸引社会资本对于基础设施建设的投资。为了使东盟的基础设施一体化融资支持更加有效，东盟要求亚洲开发银行设立东盟基础设施基金（AIF），以调动东盟内部的金融资源，以发展区域基础设施。东盟基础设施一体化的金融支持，一方面是通过传统的多边开发银行，另一方面是通过成立基金来调动东盟内部的资金和尽可能利用社会资本。京津冀基础设施一体化可以借鉴东盟的经验，除了利用京津冀三地的银行进行贷款融资，还可以利用国家开发银行成立相关京津冀基础设施基金，调动京津冀地区的私人资本和社会资本扩大基础设施一体化的金融支持规模，优化金融支持结构，从而加快京津冀基础设施一体化的建设。

（五）东北亚基础设施一体化金融支持经验

2014 年 9 月 17 日，第 15 届"大图们倡议"会议确定了建立东北亚进出口银行/开发银行联盟，改善区域贸易投资环境，加强东北亚互联互通，打造东北亚交通和经济走廊，促进东北亚区域能够进行更好的互联互通，进而使东北亚地区的贸易合作更加有效开展。东北亚基础设施一体化金融支持主要是依靠东北亚进出口银行/开发银行联盟。东北亚进出口/开发银行联盟由中国进出口银行、蒙古国开发银行、韩国进出口银行以及俄罗斯外经贸银行共同组建。东北亚进出口银行/开发银行联盟将为大图们区域交通、能源、跨境互联互通基础设施建设等项目提供资金及融资支持。在京津冀基础设施一体化方面可以借鉴东北亚的经验，由北京银行、天津银行和河北银行等地区银行组成京津冀区域银行联盟，为京津冀区域基础设施建设提供金融支持，从而保障京津冀区域基础设施一体化的金融支持规模。

（六）"一带一路"基础设施一体化金融支持经验

在"一带一路"进程中，中国政府曾经运行过"基础设施换石油"模式，安哥拉政府由于战后资金短缺，而战后重建需要大量的资源，所以中国和安哥拉达成协议，安哥拉用石油作为担保，并用石油支付中国公司帮助安哥拉基础设施重建的相关费用。在这样的模式下，安哥拉获得了资金进行基础设施建设。此外，债券市场融资是国际上广泛应用的基础设施融资方式：一方面，鼓励信用资质较好的境内投资者和境外投资者，或者联合组建项目投资主体，发行"丝路债券"；另一方面，根据基础设施的特点和承受风险的程度去开发新颖的金融产品，提供满足项目的需求的多样化、多层次的直接融资工具和金融产品，为"一带一路"基础设施投资筹集建设资金。在京津冀地区基础设施一体化建设金融支持方面可以借鉴"一带一路"的经验，一方面可以采取"基础设施换资源"的融资创新模式，例如，由北京对于京津冀的基础设施一体化进行资金支持，而河北和天津提供当地比较富有的独有资源作为交换，支持京津冀的基础设施一体化发展；另一方面可以利用债券市场融资的方式为基础设施一体化建设融资，鼓励信用资质较好的当地投资者、外地投资者，或者联合组建项目投资主体，发行"京津冀债券"。结合基础设施的特点和承受风险的程度，将标的物收益证券化，开发贷款证券化、资产证券化等创新金融产品，提供满足项目的需求的多样化、多层次的直接融资工具和金融产品，为京津冀基础设施投资筹集建设资金。

二、城市间基础设施一体化的金融支持经验

（一）巴黎都市圈基础设施一体化金融支持经验

1982 年，"法国城市交通法"颁布公共交通补贴法，允许公众参与管理；使用对残疾人有益的特殊交通设施；与此同时，巴黎的所有公司都承担了公共交通费用的 50%（卓健，2019）。1989 年，法国国家铁路运营公司成立巴黎大区公共交通企业，提供郊区铁路和部分区域客运服务的公共交通。巴黎地区的轨道交通建设直接由两家国有控股公司巴黎公共交通公司（RATP）和法国国家铁路公司（SNCF）负责。巴黎都市圈基础设施一体化金融支持主要依靠国家财政和地方财政以及企业的间接支付，间接支付指的是对乘公交上下班并且购买"橘卡"的雇员，雇主都必须给予 50% 票价的报销，这是将一部分经济

负担从乘客身上转移到了企业主身上，巴黎大区的社会企业实际上是公共交通维护与经营成本的最主要承担者。法国采取的另一方面举措是将全民利益需求与私有融资与管理的利益相结合，实现这一政策的法律手段就是特许经营。法国的特许经营模式是国家单方面授权私有运营商，国有部门只是在一个特定的期限内根据某些条件将建设公共设施的责任特许给私营部门。在京津冀基础设施一体化方面可以借鉴巴黎都市圈的经验：一方面，京津冀地区之间可以进行公交卡的互联互通，而公交费用由企业报销一部分；另一方面，京津冀基础设施一体化的建设可以学习法国的特许经营模式，增加向特许经营者开放的基础设施领域，交通基础设施、环保基础设施、能源基础设施及邮电通信基础设施都可以采取特许经营方式来扩大金融支持规模。

（二）意大利基础设施一体化金融支持经验

意大利高速铁路建设融资方案以 2002 年为界，2002 年之前采取高速股份有限公司（TAV SPA）融资方案。1991 年，由意大利政府通过意大利国营铁路公司出资 40%，另外 12 家银行出资 60%，共同组建高速铁路股份有限公司 TAV SPA。TAV SPA 主要负责意大利高速铁路线路及附属基础设施设计、建设和经济开发。1998 年意大利国营铁路公司收购了上述 12 家银行所持有的 60% 股份，至此，TAV SPA 成为意大利国营铁路公司 FS 的全资子公司，但融资方案仍保持不变（王小红、贾光智，2009）。其资金来源主要有 FS 旗下资金以及 TAV SPA 以风险资本或信贷形式筹集资金。2002 年之后采取新的融资方式，即采取《意大利 2003 预算法》中提出的通过设立基础设施股份公司（ISPA）的新融资方案。其资金来源渠道主要有欧洲共同体提供、欧洲投资银行贷款以及发行 RFI TAV 债券等。根据意大利都市圈基础设施一体化的金融支持经验，意大利主要是通过组建高速铁路股份有限公司支持基础设施建设，在融资方式上，意大利也在推陈出新设立新的融资方案。在京津冀基础设施一体化建设中，可以设立京津冀基础设施股份公司，资金来源可以是国家或者地方提供、向国内投资银行贷款或者发行相应的债券进行融资，筹集到相应的专项资金用于京津冀基础设施一体化的建设。

（三）伦敦都市圈基础设施一体化金融支持经验

在金融机构不断发展的时代背景下，伦敦证券市场形成，金融创新的重要性越发突出。这些创新的金融工具和产品对于基础设施的建设投资产生了重要影响，不仅满足了投资者进行产业创新与技术创新的资本需求，也使城市基础设施建设得以顺利发展。伦敦都市圈基础设施一体化金融支持主要体现在城市之间的金融流的联系，形成多层次的资本市场体系。形成了全球性（全国性）的交易所、区域性交易所、场外交易等，为不同类型、不同规模的企业提供融资服务，以及为包含基础设施一体化建设在内区域经济发展提供多种融资方式的资本支持。伦敦都市圈的基础设施建设主要依靠各种金融创新工具和交易所提供的融资服务，在京津冀基础设施一体化建设方面可以借鉴伦敦都市圈的经验：一方面，创新当前的金融工具满足基础设施建设的资金需求；另一方面，形成京津冀区域交易所为京津冀地区的企业提供各种金融服务，激活京津冀地区的民间资本，加强对京津冀基础设施一体化建设的促进作用。

（四）东京都市圈基础设施一体化金融支持经验

东京都市圈城市轨道交通建设的资金支持中有政府的力量，如国家的地方政府对日本地铁建设提供了相应的补助金，市郊铁路的补贴比例可达到 36%，而对单轨等新交通方式的补贴比例达 2/3（于晓萍、赵坚，2016）。另一种支持东京都市圈基础设施建设资金的方式就是将基础设施建设和土地开发相结合，将土地开发的收益反哺交通基础设施的建设和运营，实现交通基础设施的良性运转。例如，日本的"铁路＋房地产"综合开发模式就属于土地开发利益反哺轨道交通的成功案例。在日本，铁路与房地产的综合开发策略，主要始于阪急电铁。阪急电铁公司成立于 1906 年 10 月，并于 1910 年在大阪池田室町开发了第一个郊区开发项目。除了住宅开发以外，阪急还开启了包括休闲娱乐项目在内的私营铁路商业模式。这些私营铁路商业模式使得私营铁路能够持续获得金融支持保障。在东京都市圈基础设施一体化建设进程中，一方面是由政府的资金进行支持建设城市圈内的基础设施，另一方面是将交通基础设施建设和土地开发结合起来，将土地开发的收益用于基础设施的建设。京津冀地区基础设施建设可以借鉴东京都市圈的经验，将基础设施建设和土地开发相结合，如京津冀地区间的高铁建设可以依靠一定的土地开发收益反哺，通过土地开发收益作为京津冀建设基础设施的资金来源。

（五）纽约都市圈基础设施一体化金融支持

纽约都市圈的发展需要建立一个权威的城市群协调机制。纽约市集群的经验表明，通过建立多学科协调机制，明确各下属机构的职责，可以有效加强城市群的深层次区域合作。对于交通基础设施建设，主要采用"政府＋社会资本"投融资模式。国家提供财政补贴，每个铁路公司承担一定比例的建设费用。纽约都市圈约50%的地面运输费用来自政府。纽约都市圈的轨道交通则基本全部由纽约大都会交通局（MTA）和新泽西交通公司（NJT）承担。纽约都市圈的基础设施建设资金来源是政府和社会资本，政府负责50%，交通建设的公司负责50%，在保障基础设施建设资金方面，有相应的区域协同管理制度进行监督，通过立法保障基础设施建设的有效实施。在京津冀基础设施一体化建设方面可以借鉴纽约的经验，成立负责京津冀基础设施一体化建设的专门公司，由专门公司和政府共同承担基础设施建设资金，并设立相应的组织制度进行监督，通过强有力的法律手段进行保护。

第二节　国内经验案例

一、长三角基础设施一体化金融支持经验

长三角区域基础设施建设的经验主要在于金融支持机制的创新，长三角基础设施建设的资金主要是政府通过招商引资和打造特色产业手段吸引资金。在建沪通铁路和沪苏湖铁路（筹）在投融资体制上也采取了"部省合作"方式，与之前相比，除了中国铁路总公司出资比例降低之外，主要是不再采取"一路一公司"模式，而是由沪宁城际铁路股份有限公司负责沪通铁路投资、建设，沪杭铁路客运专线股份有限公司负责沪苏湖铁路投资、建设，建成后仍委托中国铁路总公司运营。这种方式可以称之为"多路一公司"模式。长三角区域城际铁路投融资体制在继承"部省合作"方式的基础上，突破了"一路一公司"模式，既有利于项目推进，又有利于集约利用人力、物力资源，也是一种机制的创新。长三角在基础设施建设方面主要是通过政府的招商引资手段来打造特色产业通过城市间的协调和错位形成经济共同体，京津冀基础设施建设可以借鉴长三角的经验，发挥政府招商引资的手段打造京津冀特色的产业吸引资金，用于基础设施建设。长三角在交通一体化方面，主要采取了"多路一公司"模式，也就是说多条城际高铁由一个公司来负责。京津冀城

际高铁可以采用相同的模式，由一家公司负责多条铁路，减轻中国铁路总公司的出资比例，加大社会资本的出资力度，优化金融支持规模，提高金融支持效率。

二、珠三角基础设施一体化金融支持经验

珠三角发展过程中主要是利用中小企业的产业转移形成产业集群，在发展经济的同时带动城市化的发展和完善，进而带动基础设施的建设。目前，珠三角城际轨道是由省政府授权广东省铁路建设投资集团有限公司作为建设主体，按照"四统一"的原则，负责投资、建设、运营和管理，其资金更多依赖地方财政和社会资本。珠三角城际轨道投融资体制之所以以地方为主，其原因是：国家将城际铁路投资建设下放到地方、不再参与，由广东省对珠三角地区间的基础设施建设进行统筹协调。珠三角的基础设施建设资金来源主要是发展产业，吸引外资，在发展产业的同时带动经济的发展从而带动基础设施的发展。京津冀发展要借鉴珠三角的经验，发展特色产业整合内部资源吸引外资，比如将雄安新区打造成科技新城，将张家口和沧州打造成为生态功能区，用来吸引外来资金发展区域内经济，得到更多的资金建设基础设施。对于京津冀交通一体化的建设也可以借鉴珠三角的经验，交通基础设施的一体化可由京津冀统筹协调部分权衡规划好各地区之间的基础设施建设发展，更多地由地方参与资金的筹集和基础设施的建设。

三、武汉都市圈基础设施一体化金融支持经验

湖北城际铁路有限责任公司由铁路总公司和湖北省政府共同出资成立，各占股50%，用于修建、运营湖北省城际铁路。武汉都市圈的交通基础设施一体化的资金支持主要是由湖北城际铁路有限责任公司提供，世界银行支持的贷款项目是武汉交通一体化的重要金融支持主体，汉口银行和湖北银行等对于武汉都市圈交通一体化的支持也促进了武汉都市圈基础设施一体化建设。武汉都市圈交通一体化建设主要依靠银行的贷款和专门交通控股公司的融资项目，京津冀交通一体化的建设可以借鉴武汉都市圈的经验，利用银行贷款项目为交通一体化建设提供资金，成立专门的交通控股公司建设京津冀地区之间的交通一体化建设，带动基础设施一体化发展。

四、长株潭基础设施一体化金融支持经验

长株潭城际轨道建设的投融资虽然多数由国家和地方政府财政支持，但是又不单纯依靠政府，在建设前期也充分吸收社会资本和外资支持基础设施建设。长株潭"3+5"城市群轨道交通规划安排主要是由铁道部和湖南省共同出资进行投资。湖南省出资由湖南省政府以现金、土地、收费权项目、经营资产划拨等方式出资，8个城市按各市轨道实际开工里程数折合比例出资，共同组建湖南省长株潭基础设施投资公司（母公司），由该公司与铁道部共同组建湖南省长株潭城市群轨道交通投资责任有限公司（子公司或称项目公司），作为项目投融资平台。

京津冀基础设施一体化可以借鉴长株潭交通一体化建设的经验，组建京津冀基础设施投资公司，由该公司与铁道部共同组建京津冀轨道交通投资责任有限公司，由政府和京津冀基础设施投资公司负责基础设施一体化建设，由政府和京津冀轨道交通投资责任有限公司负责交通一体化的建设，将京津冀区域作为国有资产来经营，利用市场化运作的方式盘活城市资源，其中政府的责任就是协调和制定政策，投资必须依靠市场，采用股份制公司形式聚集资本，帮助相应公司上市增强资本的凝聚力。政府可以给予运营公司相应的优惠政策，使得运营公司更加愿意投资基础设施建设。

第三节　国内外共同经验启示

一、成立京津冀协同发展组织机构

（一）成立京津冀公共财政机构

京津冀基础设施一体化发展面临的最大问题就是金融支持问题，根据国内外地区间基础设施一体化建设的经验，成立专门的公共财政机构有助于帮助基础设施建设筹集资金。这个专门的公共财政机构由国家和各地政府共同出资建设一体化的基础设施，出资比例应该由公共财政机构根据各地的发展情况商榷决定，以达到发展较好的城市帮助欠发达城市基础设施的建设，还要制定相应

的特许经营制度政策来保证机构的正常合理运行。

（二）成立京津冀银行联盟

京津冀地区基础设施一体化的资金支持可以依靠各地银行的整合，成立由北京银行、天津银行和河北银行共同组成的银行联盟，为基础设施一体化建设提供贷款支持，可以在联盟银行发行特定的"京津冀基础设施"基金，鼓励社会资本参与到基础设施一体化建设中来，为京津冀基础设施一体化筹集到更多的资金。

（三）成立京津冀交易所

京津冀地区可以成立专门的交易所，只对京津冀地区的基础设施建设提供资金支持，京津冀区域内的交易所为京津冀地区的企业提供各种金融服务，激活京津冀地区的私人资本和社会资本，筹集到更多的资金，将资金利用到基础设施一体化建设中，加强对京津冀基础设施一体化建设的促进作用。

二、拓展金融支持渠道

（一）以资源促进基础设施建设

利用发达地区的资金（北京）进行京津冀基础设施一体化建设，而发展中地区（河北和天津）利用自己当地的自然资源（如矿产资源）作为资金交换，为北京地区提供资源的同时发展了当地的经济，而北京利用自己的资金为京津冀基础设施一体化进行了建设，同时促进区域内的互联互通和发展。

（二）以土地开发促进基础设施建设

将土地开发的收益用于基础设施一体化的建设，利用发展中地区的土地资源进行房地产或者娱乐休闲项目的建设，这些项目的收益可以用于京津冀基础设施一体化的建设，保障比较发达的地区带动发展中的地区发展。

（三）以产业发展促进基础设施建设

发展产业的目的之一就是促进经济发展，而经济的蓬勃发展可以加大对基础设施建设的资金支持力度，所以根据地区特色发展产业经济，利用特色产业吸引更多的私人资本和社会资本参与产业的发展，既发展了区域内经济同时又为区域内基础设施一体化建设筹集到了相应资金，从而促进了京津冀基础设施一体化建设。

三、加强政府和市场合作

（一）促进政府和市场职能互补

政府负责政策的制定从而保障基础设施建设，例如制定一系列优惠政策吸引私人资本和社会资本参与到公共基础设施的建设中来，政府可以制定特许经营制度来保障专项经营基础设施建设。市场负责运营基础设施建设项目，利用市场化的方式筹集资金，帮助相应公司上市，提高公司的知名度吸引更多的社会资本参与到基础设施建设中来。协调好市场和政府之间的关系保证基础设施运营公司可以为基础设施建设筹集到更多的资金，加快京津冀基础设施一体化项目的建设。

（二）加强公私合营模式的规范发展

政府和市场合作的模式通常是 PPP 模式，PPP 模式以特许经营权的形式将部分政府责任转移给社会实体（企业）。此模式主要是将市场机制引入基础设施建设投融资中去，此种模式适用于经营性和准经营性基础设施。通过市场机制运营基础设施项目可以充分发挥市场机制的作用，保障收益最大化的情况下扩大金融支持规模，同时也优化了金融支持结构，提高了金融支持效率。在公私合营模式下，政府要继续发挥引导的作用，通过制度规范和监督等形式加强对基础设施建设的引导和质量保障。

四、完善相关政策制度

（一）制度支持基础设施建设

对于京津冀地区的基础设施一体化建设可以采取相应的补贴制度，国家和地方政府出资补贴由公司运营的基础设施建设项目，提高市场对于建设基础设施项目的信心，为基础设施项目建设筹集到更多的私人资本和社会资本，吸引更多公司参与到基础设施项目建设中来。对于企业承担基础设施建设的费用制定相应的报销制度，在京津冀交通出行方面，可以要求雇主对于乘公共交通出行的雇员报销一部分的费用，将资金压力由政府和企业一起承担。

（二）政策方面取消限制，经济互通支持基础设施建设

对于京津冀基础设施一体化方面，一方面可以取消京津冀高速铁路的过路

费，取消京津冀区域之间的限制，加快区域之间的经济往来，另一方面可以取消京津冀地区在银行方面的限制，增加资金的流通，还可以实现异地抵押贷款方式，取消在资金交流方面的限制，进一步加快互相之间的投资，以此加快京津冀基础设施一体化进程。

第八章 结论及政策建议

本书通过"理论架构—实证分析—政策建议"的系统研究设计，采取定性与定量相结合、规范与实证相结合的方法系统全面研究了京津冀基础设施一体化与金融支持的协调发展关系。首先，通过内涵特征界定、文献梳理述评及基础理论总结构建了本书研究的理论基础架构，理论分析了基础设施与金融支持的互动影响作用。其次，在理论分析基础上，通过三部分内容全面实证分析京津冀基础设施与金融支持的发展水平及一体化协调状况：一是定量测度京津冀基础设施及其一体化发展水平；二是从金融支持视角分析京津冀基础设施及其一体化程度状况的原因，定量测度京津冀金融支持基础设施状况及金融支持一体化状况；三是定量测度京津冀13市基础设施内部四个子系统（能源、交通、邮电通信和资源环境）之间的协调发展程度，金融支持内部三个子系统（金融支持规模、结构和效率）之间的协调发展程度，以及基础设施与金融支持之间的协调发展程度。

第一节 结 论

一、研究结果

（一）在京津冀协同发展战略的推动作用下，京津冀基础设施发展更加注重城市群各城市之间的协调性发展

协调性发展过程中不仅强调京津冀13市基础设施发展的协调，也强调基础设施与外部系统的协调。在外部系统中，基础设施发展与金融支持水平息息相关，两系统之间相互影响相互作用，金融支持是决定基础设施建设发展的资本关键要素。对京津冀基础设施一体化与金融支持协调发展状况的系统研究具有重要理论与实践意义。

（二）基础设施与金融支持之间协调发展指的是两系统之间发展相匹配、相协调，通过基础设施与金融支持的相互作用而形成的系统间良性循环态势

京津冀基础设施一体化与金融支持协调发展包含三个方面主要内容。

第一，基础设施发展水平及基础设施一体化程度的提升。基础设施是由能源、交通、邮电通信和环保四类基础设施构成的综合系统，基础设施分类水平的提升推动基础设施综合发展水平的提升。京津冀基础设施一体化是京津冀一体化的重要方面，也是京津冀一体化的物质基础和先行领域。

第二，金融支持发展水平及金融支持一体化程度的提升。金融支持是由金融支持规模、金融支持结构和金融支持水平三类金融支持构成的综合系统，金融支持分类水平的提升推动金融支持综合水平的提升，金融支持发展水平提升是基础设施发展水平提升的重要保障。京津冀基础设施统筹协调发展离不开京津冀13市金融支持水平的统筹协调发展，金融支持一体化程度提升是基础设施一体化程度提升的重要牵引力。

第三，基础设施与金融支持协调发展是系统内部子系统协调发展基础上的系统间协调发展。从京津冀13个市来看，只有促进基础设施内部能源、交通、邮电通信和环保四个子系统协调发展，以及金融支持内部金融支持规模、结构和效率三个子系统协调发展，才能真正促进各个地区基础设施与金融支持协调发展，从而进一步促进基础设施一体化与金融支持一体化的协调发展。

（三）基础设施综合发展水平和各类基础设施发展水平均在不断上升，但是还未达到高度发展水平；地区之间水平较为悬殊，各类基础设施之间水平相差较大

2006～2018年京津冀13市基础设施发展水平综合指数均呈现不断上升趋势，但是距离高度发展水平还有较大差距。2018年基础设施发展水平综合指数只有北京达到0.87，为高度水平，其他12市均未达到高度水平。京津冀13市2018年基础设施综合发展水平从高度到较低发展水平呈现梯度分布，各市之间发展水平较为悬殊。2006～2018年京津冀能源、交通、邮电通信和环保基础设施指数均呈现出不断上升趋势，但是各类基础设施水平之间差距较大。邮电通信基础设施和环保基础设施发展水平明显高于能源基础设施和交通基础设施发展水平，未来需要加大能源和交通发展水平。

京津冀 13 市之间基础设施综合一体化程度不断提升，但各类基础设施一体化程度发展差距较大。2006～2018 年，京津冀 13 市综合一体化指数从 0.41 上升到 0.72，呈现不断上升趋势，基础设施一体化程度的提高，充分体现了 2004 年"廊坊共识"启动京津冀协同发展和 2014 年京津冀协同发展上升为国家战略所带来的政策冲击效应，在国家政策的作用下，作为京津冀协同发展的先行领域——基础设施领域的协同发展取得了较大的进展；同时 2006～2018 年京津冀 13 市能源、交通、邮电通信和环保一体化指数均呈现出不断上升趋势，但是各类基础设施一体化指数差别较大，邮电通信一体化程度最高，环保一体化程度次之，能源和交通一体化程度相对较低。

（四）金融支持综合发展水平及各类的发展水平均在不断上升，但是距离高度发展水平还有一定差距，京津冀 13 市之间发展水平差距较大，各类的发展水平差距较大

2006～2018 年京津冀 13 市金融支持发展水平综合指数均呈现上升趋势，为京津冀金融支持基础设施发展奠定了良好的资金支持基础。但是也要看到，2018 年京津冀 13 市金融支持发展水平综合指数均未达到高度一体化程度；京津冀 13 市之间金融支持发展水平差距较大。北京的金融支持综合发展指数为 0.76，接近高度发展水平，高于其他城市。2018 年京津冀 13 市金融支持综合发展水平从较高和中低发展水平呈现梯度分布，各市之间发展水平较为悬殊。2006～2018 年京津冀 13 市金融支持规模、结构和效率指数均不断上升，但是各类金融支持之间差距较大。京津冀 13 市金融支持规模发展水平明显高于金融支持结构和金融支持效率发展水平，未来需要加大金融支持结构和金融支持效率发展水平。

京津冀 13 市之间金融支持综合一体化程度呈现上升趋势，金融支持规模一体化程度显著提高，但结构和效率一体化程度还有待提升。2006～2018 年京津冀 13 市金融支持综合一体化指数从 0.48 上升到 0.76，呈现出不断上升的趋势，金融支持一体化对促进基础设施一体化起到了重要的拉动作用。2006～2018 年京津冀 13 市金融支持规模、结构和效率一体化指数均呈现出不断上升趋势，但是各类的一体化指数差别较大。金融支持规模一体化程度最高，2018 年一体化指数值为 0.79，接近高度一体化程度；2018 年金融支持效率一体化和金融支持结构一体化指数分别为 0.69 和 0.68，远低于金融支持规模一体化程度。

（五）在基础设施内部子系统协调度及金融支持内部子系统协调度不断上升的支撑作用下，基础设施与金融支持之间的协调发展程度不断提升

2000～2018 年京津冀整体基础设施内部协调指数从 0.35 上升到 0.53，金融支持内部协调指数从 0.11 上升到 0.65，基础设施与金融支持之间协调指数从 0.30 上升到 0.55，从较低协调程度提高到中高协调发展程度。两个系统之间协调发展程度的提升对于京津冀经济社会的进步起到了重要的促进作用，但是也要认识到当前系统间协调发展还存在以下问题：第一，虽然协调发展程度呈现出不断上升的趋势，但是 2018 年系统间协调发展指数为 0.55，远未达到高度协调发展程度状态。系统间协调发展程度的提高有待于基础设施与金融支持各自发展水平的继续提升。第二，2018 年京津冀整体基础设施综合指数和金融支持综合指数分别为 0.57 和 0.59，京津冀整体基础设施和金融支持发展水平都远未达到高度发展水平，两个系统整体发展水平都只达到中高发展水平，影响到系统间协调发展程度的进一步提升。因此，要进一步促进基础设施与金融支持发展水平，进而促进两系统之间的协调发展。

二、京津冀基础设施及其一体化提升的原因分析

（一）基于金融支持视角的原因分析

1. 京津冀金融支持水平提升为基础设施发展水平提升提供了资金支持条件

2006～2018 年京津冀 13 市基础设施发展水平综合指数从 0.27 提升到 0.57，京津冀一体化战略的实施为基础设施发展提供了政策支持，同时市场一体化为京津冀基础设施一体化提供了良好的经济支持，市场与政策因素共同促进了京津冀基础设施发展水平的提高，金融支持是其中重要的一个影响因素。2006～2018 年金融支持发展水平综合指数从 0.31 提升至 0.59，金融支持发展水平的提升为基础设施发展水平提升提供了良好的资金支持基础。

2. 京津冀金融支持一体化程度提升是基础设施一体化程度提升的重要基础

2006～2018 年京津冀 13 市基础设施综合一体化指数从 0.41 上升到 0.72，呈现出不断上升的趋势，一体化程度相应地从中低一体化上升到较高一体化；同期金融支持综合一体化指数从 0.48 上升到 0.76，一体化程度也由中低一体化上升到较高一体化。京津冀金融支持一体化程度提高，为京津冀基础设施一体化程度提高奠定了资金基础。特别是 2013 年京津冀金融支持一体化开始达

到 0.60 的较高一体化程度，先于基础设施一体化达到较高发展程度，有效拉动了基础设施一体化发展。2016 年京津冀基础设施一体化也开始达到较高一体化程度，充分说明金融支持一体化对促进基础设施一体化起到了重要的拉动作用。

3. 金融支持结构和金融支持效率制约基础设施高度发展

2006～2018 年虽然各地内部及各地之间的金融支持水平都呈现出不断提高趋势。无论是从京津冀 13 市内部的金融支持发展水平情况，还是从京津冀 13 市之间的金融支持一体化情况，我们都可以看出：地区内部金融支持规模分类指数及地区之间金融支持规模分类一体化指数均呈现出上升趋势，京津冀金融支持基础设施的资金支持规模在不断增加，从而促进了地区内部基础设施的发展及地区之间基础设施一体化的发展。

但是，我们也要意识到以下几个问题：第一，金融支持结构分类指数及金融支持结构一体化指数呈现出下降的趋势，主要原因是多元化融资占比和基础设施投资占比呈现出下降的趋势，这说明虽然基础设施金融支持的绝对数额在增加，但是其资金来源单一，仍然依靠财政投入和银行贷款，依靠外资等多元化融资方面比例却在下降。同时，在固定资产投资总额中，基础设施投资占比也在下降。金融支持结构单一问题，说明了未来基础设施的金融支持面临着较大挑战。第二，金融支持效率分类指数及金融支持效率一体化分类指数虽然在提高，但是其下属的边际资本生产率却在逐渐下降。这与经济发展阶段有必然联系，基本所有国家都会经历边际资本生产率下降趋势，我们不能违背经济社会发展的趋势，但是我们要做到努力减缓下降的速度，这也给未来基础设施建设投资效率带来新的挑战。

（二）基于宏观经济和政策视角的原因分析

1. 宏观经济一体化是根本原因

京津冀宏观经济、产业结构和城镇化率等宏观因素对基础设施一体化程度的提升起到了支撑作用。随着一体化战略的实施推进京津冀宏观经济和产业结构的协调发展程度提升，特别是在 2006 年处于落后地位的河北地区经济社会发展为基础设施一体化程度提高起到了正向影响作用。2006～2018 年京津冀三地区人均 GDP 比值从 2.9∶2.4∶1 下降为 2.8∶2.5∶1；第三产业占比比值从 2.1∶1.3∶1 下降为 1.7∶1.2∶1；城镇化率比值从 2.2∶2.0∶1 下降为 1.5：1.5：1。从京津冀宏观经济、产业结构及城镇化率比值不断下降趋势可以明显看出，京津冀宏观一体化程度的提升为基础设施一体化程度的不断提升起到了基础性支撑作用。

2. 京津冀协同发展战略是直接原因

基础设施一体化是京津冀协同发展国家战略的重要内容，政策对基础设施一体化程度提升起到了直接促进作用。2004 年京津冀通过"廊坊共识"启动区域协同发展战略，2014 年京津冀协同发展战略上升为国家战略。无论是在区域协同发展的启动阶段，还是在区域协同发展上升为国家战略的阶段，基础设施一体化均具有重要的地位，也是京津冀协同发展的重点发展领域。京津冀协同发展战略明确提出一体化交通及生态环境协同治理等三个重点领域率先突破全面提速。由此可见，基础设施领域是京津冀协同发展率先支持发展领域，政策方面的协同创新及体制改革是基础设施综合一体化和分类一体化程度不断提升的直接原因。

第二节　政 策 建 议

一、京津冀基础设施一体化政策建议

（一）基础设施综合一体化的总体政策建议

提高京津冀基础设施综合一体化程度，促进基础设施向高度一体化发展。当前，京津冀基础设施综合一体化程度处于较高一体化状态，未来要促进综合一体化程度向高度一体化发展。党的十八届三中全会明确提出了"允许社会资本通过特许经营等方式参与城市基础设施投资和运营"的观点，之后政府陆续出台了一系列措施鼓励企业参与到基础设施的建设和运营中来。京津冀基础设施一体化程度的推进需要采取"政府引导—企业运营—民众参与"的多元主体模式。在新模式下，要充分发挥各主体的职能责任推进基础设施一体化的提高。京津冀区域一体化是国家重要发展战略，发展京津冀基础设施一体化就要打破行政区域限制。政府引导作用主要体现在完善规划和法律体系，同时建立统筹规划和协调机构，在保证政策有效实施的前提下避免出现矛盾问题；企业运营要充分发挥企业积极性，政府通过政策支持和补贴赋予企业运营积极性，同时政府应该对企业基础设施运营维护进行严格监管，保障企业运营的顺利和基础设施建设的质量；在新形势下民众不是独立于基础设施建设，而是参与到基础设施规划和建设中来。居民作为基础设施的主要使用者，应该了解居民对于公共产品的需求，使政府和企业更加有效进行建设基础设施的建设管理。此外，在政府绩效评价体系中加入居民基础设施满意度调查，将民众意愿充分体现于基础设施管理和规划中。

（二）京津冀基础设施一体化的分类政策建议

1. 能源基础设施一体化的政策建议

随着京津冀区域一体化的快速发展，城市对于供水基础设施的需求逐渐加大，在这种强烈需求下京津冀各市应该对地下水的开采采取严格管理，加强对水源、水厂和管网改造的同时建设污水循环利用系统，使得城市供水同时由供水系统和回收水系统提供；城市排水系统也非常重要，主要是在特殊天气情况下可以保证居民安全和城市安全。京津冀各城市排水系统中应该将雨水和污水进行分别排放，不同的水质采用不同的设施和管网，增强排水系统的效率。经济的持续发展必然会导致能源供给和需求之间的矛盾加重。煤炭和天然气等不可再生资源的利用也要通过相关基础设施的建设去提升使用效率。

2. 交通基础设施一体化政策建议

京津冀区域一体化进程中交通基础设施的建设也是至关重要的。京津冀需要建设地区之间的综合交通运输体系，大力发展城际轨道交通，取消北京、天津和河北相互之间的道路费用，使得三地之间交通往来更加便利，增强京津冀交通的集中性和分散性，使得京津冀区域的交通网络更加完善。在京津冀区域内建设的城市道路交通网络要满足城市的交通量，不仅要考虑平面交通的扩展，也要在平面交通饱和的情况下发展建设立体的城市交通系统，加强立体交通的效率，在车辆数目急剧增多的前提下优先发展公共交通，建立四通八达的公共交通网络体系，缓解城市人均道路面积偏低及交通拥挤问题。出租车是城市交通基础设施的重要体现，三地区近年来发展水平却在不断下降，要保障出租车提供的数量和质量，充分保障市民出行需求。

3. 邮电通信基础设施一体化政策建议

京津冀之间通信成本比较高，较高的通信费用使得地区间交流有障碍，应该大力建设京津冀区域的通信网络，实现地区之间网络互通。还可以让京津冀区域采用京津冀专属的区号，加强相互之间的通信。加强电信、广播电视和互联网的交叉融合，形成高效率、低成本的网络系统，建立全方位的京津冀区域信息交流体系，促进经济发展。在发展水平下降而民众又有较高需求的邮政局所领域，要根据民众需求提高发展水平，进一步促进京津冀之间的融合协调发展。

4. 环保基础设施一体化政策建议

近几年京津冀之间的城市绿化率和公园面积一体化程度下降，这源于很多城市内部绿化水平呈现出下降的趋势。京津冀是我国大气污染较为严重的区域，环境协同发展是京津冀协同发展的重要内容，要持续加大对绿化的支持力度不放松，促进环保一体化程度持续提升。京津冀基础设施一体化中环保基础设施应该加快建设，建设城市污水处理厂以及工业比较集中区域的污水治理基础设施，加强污水处理水平。生活垃圾问题同样困扰着城市的发展，建设京津冀区域生活垃圾收集与处理系统，对于生活垃圾处理尽量做到减少对环境产生危害，大力减少工业固体废物数量，优化处理方法，对系统进行更加有效的运用，提升使用率。在污染气体和垃圾排放量方面也要有相应标准，限制企业排放，通过低碳环保一系列措施的全面实施，促进京津冀环保一体化程度提升。

二、金融支持基础设施一体化政策建议

2006～2018年京津冀各市内部基础设施与金融支持协调发展程度在不断上升，同时京津冀13市之间金融支持一体化程度也在不断提高，特别是金融支持规模水平较高，但是金融支持结构还有待进一步优化，金融支持效率有待进一步提高。未来要持续保障金融支持规模水平的稳定发展，同时要优化金融支持结构，提高金融支持效率。

（一）持续保障金融支持规模

金融支持规模是京津冀协同发展及基础设施一体化发展的关键资本型要素。发达国家和先进地区的成功经验证明，基础设施建设的金融支持规模往往呈现出较为紧缺的状态，从而导致基础设施及基础设施一体化面临着资金紧缺的问题。本书通过实证发现，京津冀基础设施的金融支持水平呈现出不断提升

的趋势，地区之间的金融支持一体化程度在不断提高，但是由于金融支持结构和金融支持效率存在问题，从而给金融支持规模的持续稳定增长带来了挑战和不确定性。未来要根据基础设施的不同分类，保障基础设施金融支持规模的持续性发展。

1. 持续保障非经营性基础设施的金融支持规模

由于基础设施投入使用后对使用者的非经营性或收费金额基本可以忽略，因此在管理与维护方面需要稳定持续的资金投入以维持基础设施正常工作运行。非经营性基础设施绝大部分由政府直接投资进行建设，从收益角度考量社会资本通常不愿或不参与这类基础设施投资。在该类基础设施建成后，其管理与维护等费用通常或是只能由政府通过财政拨款进行支持。虽然基础设施建设进程中京津冀财政投入绝对量在不断增加，但是相对投入及占国民经济的比重仍显不足。一方面，基础设施建设中财政投入不足导致其引导作用有限，多元化融资格局难以最终形成；另一方面，也影响政府城市管理职能的正常发挥。随着国家财政体制向公共财政体制的方向发展，政府职能转变背景下必然会提高基础设施建设投资力度及加大公益事业投资力度，以确保京津冀协同发展背景下京津冀基础设施一体化快速发展所需要的巨额资金。

政府加大财政投入必然需要持续性财政收入予以支持，可考虑从以下几个方面扩大财政支持京津冀基础设施建设的资金来源。其一，根据具体情况增设城市道路使用税。可考虑将今后可能实施的燃油税一定比例用于城市交通等基础设施建设领域。其二，适当开征与城市公共设施建设相关税种。根据不同城市经济发展情况有针对性地开征与城市公共建设相关税种，主要包括宽带信息网络建设税（费）、电网建设税（费）及污染税等。其三，提高城市维护建设税税率。根据经济发展状况和城镇化推进状况，可适当提高城市维护建设税税率。其四，提高城市水资源收费标准。提高城市特别是水资源利用成本较高城市的收费标准，且在技术可行情况下实施阶梯水价。其五，城市土地出让收入及国有资产出售收入一定比例用于城镇化建设项目。城市土地出让收入为地方政府重要财政收入来源，未来随着城镇化的持续推进，土地收入还存在一定程度的增长空间，在土地收入持续增加背景下提取一定比例用于基础设施项目建设。另外，可将国有企业结构调整中部分资产出售收入一定比例专项用于城镇化建设中的基础设施建设。

2. 持续保障经营性基础设施的金融支持规模

基础设施中很大一部分属于经营性和准经营性基础设施，这类基础设施包括城市基础设施和公共服务资源及相关延伸资源等，主要是城市道路、桥梁、建筑物（体育场馆）及电力、通信、网络和市政公用设施等。延伸资源主要包括品牌资源、形象资源、信息资源以及公益事业的管理权、经营权及使用权等。对于这类可经营性基础设施，要充分运用市场经济价值规律，依靠市场机制来经营城市资源。通过市场经济价值规律将城市资源进行整合配置，而不是通过过去的计划经济方式来配置资源。改变以往政府以拨款方式直接投资的行政模式，通过组建城市开发公司改革投资经营体制，有效分离政府投资于项目管理的职能，促进城镇化建设项目，特别是公共基础设施及公用事业的政事、政资和政企分开。城市经营理念需要社会的广泛参与，不仅包括政府积极参与引导，企业积极参与经营管理，社会个人还可参与投资与管理监督，通过城市居民的主动参与来促进京津冀基础设施建设，不断扩充城市建设的资金来源的道路。

经营基础设施理念实际强调市场价值规律在城市基础设施资源中的运用，将城市多种基础设施资源作为可经营资源获取收益以支持城市长期发展建设，这一理念对于金融支持京津冀基础设施具有重要启发作用。一方面，京津冀基础设施建设存量资产是政府长期巨额资金投入的结果，为政府重要的国有资产。将这些存量资产作为基础设施可经营资源，有效剥离所有权和经营权，通过转让经营权、收益权和股权将这些存量资产盘活整合推向市场，从而获取基础设施建设的后续资金。另一方面，京津冀基础设施建设增量资产需要政府不断的资金投入，基础设施建设随着基础设施一体化及京津冀协同发展重要性越来越突出资金需求也越来越大。因此，以城建城不断扩充城市建设资金来源，成为京津冀基础设施一体化金融支持规模可持续发展的必然要求。具体来讲，要根据京津冀城市建设项目的非经营性、准经营性和经营性分类，将可以运用市场价值规律投入市场运营的基础设施建设项目推向市场，通过市场价值规律实现基础设施建设资金的增量。对经营性和准经营性的基础设施建设项目，以政府投资为引导，允许各种类型的企业和个人进行项目投资，保障京津冀基础设施建设金融支持规模的可持续发展。

（二）优化金融支持结构

从京津冀金融支持一体化实证分析可知，京津冀13市之间的金融支持规模一体化程度不断提高，但是金融支持结构中的多元化融资和基础设施投资占比却呈现出下降的趋势，未来需要优化金融支持主体结构，从政府单一主导的金融支持结构模式转变为政府引导—企业运营—民众积极参与的多主体结构模式。在京津冀协同发展具体执行过程中，为了促进多主体结构模式的建设，需要优化金融支持主体结构、产品结构和体系结构，促进京津冀协同发展及基础设施一体化的推进。

1. 优化金融支持主体结构

将传统基础设施建设中"政府主导、市场辅助"的金融支持主体模式转变为京津冀基础设施一体化进程中"政府引导型的多元化融资模式"，需转变融资方式，逐渐发挥市场机制在融资方面的作用。在加大财政投入的同时，充分发挥各类投资者及经营者共同建设京津冀基础设施中的积极性，促进城市建设融资的多元化、市场化和规范化。从短期来看，应充分发挥财政融资及政策性金融机构融资的信贷支持；从中期来看，应全面深化以证券化为核心的金融支持模式。通过发行各种适应京津冀基础设施一体化融资需要的金融工具和产品，深化直接融资的范围和手段；从长期来看，则应积极推进市政债券的发展。从世界各国基础设施发展融资的一般规律来看，市政债券是解决基础设施融资问题的根本途径，因此，发展京津冀区域市政债券是京津冀基础设施一体化发展的重要融资渠道。

2. 优化金融支持产品结构

未来应借助金融产品促进金融对京津冀基础设施建设的支持作用，根据京津冀基础设施发展需求不断发展创新金融产品。其一，积极开发京津冀直接融资工具减轻财政融资压力，减少对高成本信贷工具的依赖。设立京津冀区域基建发展基金并配套优惠政策鼓励企业出资，推广期限灵活的债权融资方式，同时利用直接引进外资拓宽融资来源。其二，促进京津冀金融工具多样化，提升京津冀区域城市融资能力。要积极发展有助于提升城市配套功能的金融工具，拓宽政府、企业和居民参与京津冀基础设施建设的融资工具选择范围，提升社会主体参与京津冀基础设施建设的力度。其三，拓展并创新面向中小企业的京津冀基础设施金融工具。不断发展创新灵活多变及服务形式多样的京津冀基础设施金融工具，鼓励信用增进融资工具的发展，开发无抵押担保的信用融资业务及开发中小企业的潜在抵押担保资源，促进面向中小企业的金融支持基础设施产品的发展。

3. 优化金融支持体系结构

以财政和银行为主的京津冀金融支持体系对基础设施建设起到了良好的金融支撑作用，未来要进一步发挥财政和银行对京津冀基础设施建设的支持作用。基础设施建设的资金支持不应该只依靠银行单一金融支持主体，而是应该全方位均衡地发展金融业，共同促进银行、保险、信托、债券、租赁业的发展。提升金融效率不仅要协调好金融系统和生产系统的关系，还要协调好金融系统内部各个子系统之间的关系。债券业在筹集资金方面速度比较快，能够满足京津冀基础设施一体化建设的资金需求。租赁业的功能主要是减少项目的某些费用或者延缓项目大额支出的时间，保障基础设施一体化建设能够更加顺利进行。保险业的功能不仅是资金的集中和分配使用，还可以分散风险。金融业的均衡发展能够快速募集大量闲置资金进行基础设施一体化建设，能够延长项目开支期限，增加项目资金的使用选择种类。在京津冀基础设施一体化建设中，可以让金融业的闲置资金向京津冀基础设施建设项目流动，充分利用金融业筹集的资金，拓展京津冀基础设施建设资金来源途径，解决资金供给问题。协调发展金融业，从金融资源的配置途径和效率等方面发挥金融业的功能，对于资金需求量大的项目能够充分发挥各自优势，为京津冀基础设施建设提供良好的条件和保障机制。

（三）提高金融支持效率

1. 统筹协调机构提高金融支持效率

京津冀区域财政协调机制应在现有经验和国内经验的基础上，通过各种渠道不断完善现有的协调机制，从而实现京津冀地区结构优化、合作紧密、优势互补、整体发展。为了促进以上"政府引导型的多元化融资模式"的顺利推进，京津冀协同发展及京津冀基础设施一体化过程中，需要设立专门机构来促进多元主体结构模式的顺利推进。

（1）成立区域基础设施财政支持机构。京津冀基础设施一体化发展面临的最大的问题就是资金的筹集问题，根据国内外地区间基础设施一体化建设的经验，成立专门的公共财政机构有助于帮助基础设施建设筹集资金。这个专门的公共财政机构由国家和各地政府共同出资建设一体化的基础设施，出资比例应该由公共财政机构根据各地的发展情况商榷决定，以达到发展较好的城市帮助欠发达城市基础设施的建设的目的，还要制定相应的特许经营制度政策来保证机构的正常合理运行。

（2）成立区域基础设施银行支持机构。京津冀地区基础设施一体化的资金支持可以依靠各地银行的整合，成立由北京银行、天津银行和河北银行共同组成的银行联盟，提供基础设施一体化所需的资金，可以在联盟银行发行特定的"京津冀基础设施"基金，鼓励社会资本参与到基础设施一体化建设中来，为京津冀基础设施一体化筹集更多的资金。

（3）成立区域基础设施金融支持交易所。京津冀地区可以成立专门的交易所，对京津冀地区的基础设施建设提供资金支持，京津冀区域内的交易所为京津冀地区的企业提供各种金融服务，激活京津冀地区的私人资本和社会资本，筹集更多的资金，将资金利用到基础设施一体化建设中，加强对京津冀基础设施一体化建设的促进作用。交易所的作用就是将民间资本汇集起来建设区域内基础设施，保证京津冀区域基础设施发展以提高区域内居民对基础设施使用的便利程度。

2. 加强政企合作提高金融支持效率

由于基础设施具有公共产品性质，随着京津冀基础设施金融支持主体从政府单一主体向多元化主体转变，未来需要加强政府和企业之间的有效合作，才能有效保障基础设施金融支持效率。加强政府与企业之间的合作，一方面可以发挥企业优势筹集到更多的资金建设基础设施，另一方面可以发挥政府优势促进基础设施建设的发展。基础设施建设筹集资金过程中，企业能够更加快速的筹集到资金并将资金进行合理使用，对部分意义重大的项目，可以依靠政府建立各种融资平台，保障基础设施项目的顺利开展。在基础设施建设过程中，企业本质决定其更加关注基础设施项目建设的资金和收益，由于基础设施建设周期以及投资回收期较长，政府需要发挥自身组织功能，协调企业和项目建设之间的关系，控制项目风险，有效整合社会资源，促成项目资金的筹集，提高金融对基础设施建设的支持力度。同时，通过京津冀区域政府对基础设施建设项目的监管及一定程度的补贴，可以促进基础设施建设项目的顺利推进，提高京津冀基础设施项目建成投产率及边际资本生产率的提高，从而带动金融支持效率的提高。

3. 创新金融支持制度提高金融支持效率

完善相关金融制度解决金融支持京津冀基础设施存在的问题，具体应从以下三个方面着手：其一，利率市场化改革与贴息政策并举，支持京津冀协同发展及基础设施一体化的顺利推进。利率市场化可以矫正金融的市场功能，但欠发达的京津冀部分城市及农村地区则会在竞争中处于劣势地位，易导致经济社会发展差距的进一步扩大。有必要在合理的利率水平下对欠发达地区经济实施贴息政策，做到对欠发达城市和农村地区的"反哺"，发挥利率市场化改革的最大效益。其二，实施差别化的金融监管政策。针对基层金融融资难的问题，可适度放开信贷规模、贷款期限、利率等方面的标准，对资本占用应放松要求，提高风险容忍度，以更为灵活的监管政策应对市场失灵。同时，取消国有大型商业银行县域支行信贷审批权"一刀切"的方式，区别对待不同地区的具体发展状况。其三，加强政策性银行对京津冀基础设施融资引导作用。通过加大政策性金融机构对京津冀重点基础设施建设领域及基础设施建设企业的税收减免或返还，建立京津冀重点基础设施建设发展基金等形式引导商业性金融机构对这些领域的资金投入，扩大基础设施建设重点领域资金来源。

第三节　研究不足与展望

本书在文献梳理及理论总结基础上，构建了京津冀基础设施与金融支持综合评价指标体系，在三级指标的选取和量化上还属于探索和尝试，仍有进一步完善的空间；同时，限于数据的可获得性，本书对基础设施一体化和金融支持协调发展程度的考察主要针对京津冀13个城市层面的数据，尚不能反映不同层级地区两个系统的协调发展程度，尚不能反映京津冀与长三角等重要城市群的对比关系。

针对以上不足，后续研究可以从以下方面进行改进和深入研究：改进度量基础设施一体化和金融支持衡量指标体系并扩大样本范围，以深入了解京津冀不同层级地区基础设施与金融支持协调发展状况；增加对长三角和珠三角等重要城市群基础设施一体化与金融支持发展水平的研究，比较分析不同城市群发展现状及存在问题，为京津冀基础设施一体化发展提供经验借鉴。

参 考 文 献

［1］安虎森，彭桂娥．区域金融一体化战略研究：以京津冀为例［J］．天津社会科学，2008（6）：65－71.

［2］曹小衡，李月，徐永慧．海峡两岸经济一体化测度体系的构建与比较研究［J］．山西财经大学学报，2017，39（2）：1－11.

［3］陈爱莉．论城市化建设与商业银行发展［J］．金融理论与实践，2004（7）：73－75.

［4］陈红霞，李国平，张丹．京津冀区域空间格局及其优化整合分析［J］．城市发展研究，2011，18（11）：74－79.

［5］陈红霞，席强敏．京津冀城市劳动力市场一体化的水平测度与影响因素分析［J］．中国软科学，2016（2）：81－88.

［6］陈伟劲，马学广，蔡莉丽，等．珠三角城市联系的空间格局特征研究——基于城际客运交通流的分析［J］．经济地理，2013，33（4）：48－55.

［7］陈元．开发性金融与中国城市化发展［J］．经济研究，2010（7）：4－14.

［8］崔冬初，宋之杰．京津冀区域经济一体化中存在的问题及对策［J］．经济纵横，2012（5）：228.

［9］崔国清，南云僧．关于公共物品性质城市基础设施融资模式创新的探讨［J］．经济学动态，2009（3）：39－42.

［10］戴鸿丽．基础设施产权制度变革：国际经验及启示［J］．改革，2007（10）：85－89.

［11］董洪超，蒋伏心．交通基础设施对中国区域市场一体化的影响研究——基于动态面板模型的实证分析［J］．经济问题探索，2020，41（5）：30－43.

［12］范川．金融创新是解决城市化发展资金瓶颈的关键［J］．商业研究，2003（21）：149－150．

［13］方少勇．小城镇城市化金融支持与政府干预［J］．金融理论与实践，2005（4）：3－5．

［14］盖文启．我国沿海地区城市群可持续发展问题探析——以山东半岛城市群为例［J］．地理科学，2000（3）：274－278．

［15］郭建树．城镇基础设施融资与投资补偿机制　城镇基础设施建设PPP项目融资实践［M］．北京：中国财政经济出版社，2017．

［16］郭茜，庄菁．京津冀物流设施一体化发展路径与水平测度研究［J］．商业经济研究，2018（3）：171－174．

［17］郭新明．金融支持我国城镇化战略的政策思考［J］．西部金融，2004（9）：4－6．

［18］何丹，殷清眉，杨牡丹．交通基础设施建设与城市群一体化发展——以长株潭"3＋5"城市群为例［J］．人文地理，2017（32）：79．

［19］胡滨，星焱．金融支持城镇化：韩国的经验及对中国的启示［J］．国际金融研究，2015（3）：32－43．

［20］黄国平．促进城镇化发展的金融支持体系改革和完善［J］．经济社会体制比较，2013（4）：56－66．

［21］黄少卿，施浩．基础设施投资：资金来源、投资效率与地方财政风险［M］．上海：格致出版社，2014．

［22］黎平海．引资开发基础设施的国际经验与启示［J］．经济问题探索，2002（4）：71－74．

［23］李辉，郭继秋，姚雪．基础设施融资理论文献评析［J］．情报科学，2010（5）：768－770．

［24］李楠楠．基础设施领域公私合作契约关系研究［M］．北京：经济科学出版社，2017．

［25］李香花．城市群基础设施融资机制研究［D］．长沙：中南大学，2011．

［26］李玉涛．京津冀地区基础设施一体化建设研究［J］．经济研究参考，2015（2）：28－47．

[27] 李忠民，刘育红，张强．"新丝绸之路"交通基础设施、空间溢出与经济增长——基于多维要素空间面板数据模型［J］．财经问题研究，2011（4）：116－121．

[28] 林耿，许学强．大珠三角区域经济一体化研究［J］．经济地理，2005，25（5）：677－681，701．

[29] 刘辉，申玉铭，孟丹，等．基于交通可达性的京津冀城市网络集中性及空间结构研究［J］．经济地理，2013，33（8）：37－45．

[30] 刘生龙，胡鞍钢．交通基础设施与中国区域经济一体化［J］．经济研究，2011（3）：72－82．

[31] 刘生龙，胡鞍钢．交通基础设施与经济增长：中国区域差距的视角［J］．中国工业经济，2010（4）：14－23．

[32] 刘婷婷，杨斌．西藏南亚大通道基础设施建设的金融支持研究［J］．西藏大学学报（社会科学版），2018，33（1）：163－169．

[33] 刘勇，肖翥，许叶林．基础设施PPP项目评价与立项决策的再思考——基于PPP模式的国际实践经验［J］．科技管理研究，2015（8）：185－190．

[34] 刘育红，王曦．"新丝绸之路"经济带交通基础设施与区域经济一体化——基于引力模型的实证研究［J］．西安交通大学学报（社会科学版），2014，34（2）：43－48．

[35] 卢扬帆，郑方辉．区域一体化视域下城市综合基础设施发展水平评价——基于珠三角9市的实证分析［J］．城市问题，2014（10）：2－9．

[36] 罗明义．论区域经济一体化与基础设施建设［J］．思想战线，1995（6）：19－23．

[37] 马恩涛，李鑫．PPP政府或有债务风险管理：国际经验与借鉴［J］．财政研究，2018，423（5）：37－47．

[38] 马君．PPP模式在我国基础设施建设中的应用前景研究［J］．宁夏社会科学，2011（3）：43－45．

[39] 潘笑菲，孙钰，崔寅，等．基于三阶段DEA的三大城市群环境基础设施运营效率研究［J］．科技管理研究，2019，39（6）：55－62．

[40] 祁玉清．城镇基础设施投融资：理论、政策与实务［M］．北京：社

会科学文献出版社，2019.

［41］盛磊，杨白冰．新型基础设施建设的投融资模式与路径探索［J］．改革，2020，315（5）：49－57.

［42］施航华．城市基础设施建设投融资理论与实践创新［M］．天津：南开大学出版社，2016.

［43］孙久文，邓慧慧，叶振宇．京津冀区域经济一体化及其合作途径探讨［J］．首都经济贸易大学学报，2008（2）：55－60.

［44］孙久文，丁鸿君．京津冀区域经济一体化进程研究［J］．经济与管理研究，2012（7）：52－58.

［45］唐建新，杨军．基础设施与经济发展：理论与政策［M］．武汉：武汉大学出版社，2003.

［46］唐未兵，唐谭岭．中部地区新型城镇化和金融支持的耦合作用研究［J］．中国软科学，2017（3）：140－151.

［47］陶萍，常颖．城市环境基础设施投融资多元主体复合运作模式［J］．工程管理学报，2008（6）：24－27.

［48］汪小亚．中国城镇城市化与金融支持［J］．财贸经济，2002（8）：31－34.

［49］王磊，翟博文．长江经济带交通基础设施对经济增长的影响［J］．长江流域资源与环境，2018，27（1）：6－12.

［50］王维．长三角交通基础设施一体化研究［J］．学海，2006（6）：159－163.

［51］王小红，贾光智．意大利高速铁路投融资管理研究［J］．中国铁路，2009（12）：68－70.

［52］王秀云．城市基础设施投融资体制改革比较研究［M］．北京：中国金融出版社，2020.

［53］王秀云．城市基础设施投融资体制改革的国际经验及对我国的启示［J］．中国城市经济，2007（6）：80－83.

［54］王元京，张潇文．城镇基础设施和公共服务设施投融资模式研究［J］．财经问题研究，2013（4）：35－41.

［55］王志平．我国区域经济合作与交通运输一体化问题的探讨［J］．铁

道运输与经济，2007（12）：6 - 8.

[56] 文春晖，李明贤. PPP 模式与我国"两型社会"建设 [J]. 财经问题研究，2011（3）：59 - 63.

[57] 吴福象，沈浩平. 新型城镇化、基础设施空间溢出与地区产业结构升级——基于长三角城市群 16 个核心城市的实证分析 [J]. 财经科学，2013（7）：89 - 98.

[58] 吴群刚，杨开忠. 关于京津冀区域一体化发展的思考 [J]. 城市问题，2010（1）：11 - 16.

[59] 尹宏玲，崔东旭. 城镇群基础设施效能评估理论与实践 [M]. 北京：中国建筑工业出版社，2016.

[60] 袁佳. "一带一路"基础设施资金需求与投融资模式探究 [J]. 国际贸易，2016（5）：52 - 56.

[61] 于晓萍，赵坚. 城市轨道交通与多中心大都市区空间经济绩效优化——东京通勤铁路发展的经验借鉴 [J]. 经济问题探索，2016（1）：83 - 88.

[62] 詹卉. 基础设施合作供给理论与 PPP 机制创新研究 [M]. 上海：立信会计出版社，2015.

[63] 战金艳，鲁奇. 中国基础设施与城乡一体化的关联发展 [J]. 地理学报，2003，58（4）：611 - 619.

[64] 张军，高远，傅勇，等. 中国为什么拥有了良好的基础设施？[J]. 经济研究，2007（3）：4 - 19.

[65] 张水波，郑晓丹. 经济发展和 PPP 制度对发展中国家基础设施 PPP 项目的影响 [J]. 软科学，2015（7）：25 - 29.

[66] 张文春，王辉民. 城市基础设施融资的国际经验与借鉴 [J]. 国家行政学院学报，2001（3）：79 - 83.

[67] 张协奎，姜丹. 北部湾城市群基础设施与经济协调发展研究 [J]. 特区经济，2012（8）：187 - 189.

[68] 章权，陈冠雄，温惠英. 推进珠三角交通一体化发展战略研究 [J]. 科技管理研究，2010，30（16）：65 - 68.

[69] 赵鹏. 交通基础设施对区域一体化影响研究 [J]. 经济问题探索，2018（3）：75 - 82.

［70］赵予新，马琼. 金融支持城市基础设施投融资贡献度的研究［J］.
金融理论与实践，2015（6）：64－67.

［71］赵峥. 共建长三角基础设施体系：价值、挑战与对策［J］. 重庆理
工大学学报（社会科学），2020，34（1）：1－7.

［72］周立群，夏良科. 区域经济一体化的测度与比较：来自京津冀、长
三角和珠三角的证据［J］. 江海学刊，2010（4）：81－87.

［73］周亚雄. 基础设施、区域经济增长与区域差距的关系研究——基于
新经济地理学的视角［M］. 北京：中国社会科学出版社，2018.

［74］邹卫星，周立群. 区域经济一体化进程剖析：长三角、珠三角与环
渤海［J］. 改革，2010（10）：86－93.

［75］卓健. 从技术型交通规划到政策型交通规划——法国巴黎大区交通
出行规划（PDUIF）的启示［J］. 城市交通，2019，17（4）：17－26，34.

［76］Anas，A. The optimal pricing，finance and supply of urban transportation
in general equilibrium：A theoretical exposition［J］. Economics of Transportation，
2012，1（1－2）：64－76.

［77］Andrew，H C. A new perspective on infrastructure financing in Asia［J］.
Pacific Basin Finance Journal，2002.

［78］Brealey R A，Cooper I A，Habib M A. Using project finance to fund
infrastructure investments［J］. Journal of Applied Corporate Finance，1996，9
（3）：25－39.

［79］Castells A，Albert Solé-Ollé. The regional allocation of infrastructure
investment：The role of equity，efficiency and political factors［J］. European
Economic Review，2005，49（5）：1165－1205.

［80］Chong S，Poole E. Financing Infrastructure：A Spectrum of Country
Approaches［J］. Rba Bulletin，2013：65－76.

［81］Ding D，Lam W R，Peiris S. Future of Asia's Finance：How Can it Meet
Challenges of Demographic Change and Infrastructure Needs？［J］. IMF Working
Papers，2014，14（126）.

［82］Ehlers T. Understanding the Challenges for Infrastructure Finance-
Prospects for New Sources of Private Sector Finance［J］. Financial Market Research，

2015.

[83] Estache A, Serebrisky T, Wren-Lewis L. Financing infrastructure in developing countries [J]. Oxford Review of Economic Policy, 2015, 31 (3 – 4): 279 – 304.

[84] Gans J S. Regulating Private Infrastructure Investment: Optimal Pricing for Access to Essential Facilities [J]. Journal of Regulatory Economics, 2001, 20 (2): 167 – 189.

[85] Hsing Y. A note on functional forms and the urban size distribution [J]. Journal of Urban Economics, 1990, 27 (1): 73 – 79.

[86] Inderst G. Private infrastructure finance and investment in Europe [J]. Eib Working Papers, 2013 (1): 70 – 105.

[87] Kai H, Gan X Q, Gao K. Co-integration Model of Logistics Infrastructure Investment and Regional Economic Growth in Central China [J]. Physics Procedia, 2012, 33: 1036 – 1041.

[88] Keho Y, ECHUI, Aka Désiré. Transport Infrastructure Investment and Sustainable Economic Growth in Cte d'Ivoire: A Cointegration and Causality Analysis [J]. Journal of Sustainable Development, 2011, 4 (6).

[89] Kirk R S, Mallett W J. Funding and Financing Highways and Public Transportation [C]// Crs Report for Congress, 2012.

[90] Melo P C, Graham D J, Brage-Ardao R. The productivity of transport infrastructure investment: A meta-analysis of empirical evidence [J]. Regionalence & Urban Economics, 2013, 43 (5): 695 – 706.

[91] Meyer M D. Transportation Finance and Funding [M]//Transportation Planning Handbook: Institute of Transportation Engineers. John Wiley & Sons, Inc. 2016.

[92] Michael R. Capital Markets, Infrastructure Investment and Growth in the Asia Pacific Region [J]. International Journal of Financial Studies, 2017, 5 (1): 5.

[93] Ndulu, B. J. Infrastructure, Regional Integration and Growth in Sub-Saharan Africa: Dealing with the disadvantages of Geography and Sovereign Fragmentation [J]. Journal of African Economies, 2006, 15 (Supplement 2): 212 – 244.

［94］Ngowi A B, Pienaar E, Akindele O, et al. Globalisation of the construction industry：A review of infrastructure financing ［J］. Journal of Financial Management of Property and Construction, 2006, 11 (1)：45 – 58.

［95］Palestini S, Agostinis G. Constructing regionalism in South America：the cases of sectoral cooperation on transport infrastructure and energy ［J］. Journal of International Relations & Development, 2018, 21 (1)：46 – 74.

［96］Peterson G E. Land Leasing and Land Sale as an Infrastructure-Financing Option ［J］. Policy Research Working Paper, 2010：1 – 25 (25) .

［97］Saginor J, Dumbaugh E, Ellis D, et al. Leveraging Land Development Returns to Finance Transportation Infrastructure Improvements ［R］. Financing, 2011.

［98］Sanchez-Robles B. Infrastructure Investment And Growth：Some Empirical Evidence ［J］. Contemporary Economic Policy, 2010, 16 (1)：98 – 108.

［99］Sihombing L B. Financial Innovation for Infrastructure Financing ［J］. SSRN Electronic Journal, 2009.

［100］Skorupska A, Szczudliktatar J. Regional Cooperation Key to Polish-Chinese Strategic Partnership ［J］. PISM Strategic File, 2014, 25 (61)：4.

［101］P. Regional Corridors Development in Regional Cooperation ［J］. Adb Economics Working Paper, 2011.

［102］Susanlan W. Research on Financial Legal Risk in the Implementation of the "One Belt, One Road" Strategy – Taking Laos as an Example ［J］. Theoretical Month Journal, 2017 (3)：102 – 106, 118.

［103］Walton C M, Euritt M A . Highway finance and the private sector：Issues and alternatives ［J］. Transportation Research Part A General, 1990, 24 (4)：265 – 276.

［104］Weiping W. Urban Infrastructure Financing and Economic Performance in China ［J］. Urban Geography, 2010, 31 (5)：648 – 667.

［105］Yin G. Reserve financing and government infrastructure investment：An application to China ［J］. Journal of Policy Modeling, 2013, 35 (6)：992 – 1013.